U0928948

被喜欢的心理学

好かれる理由　嫌われる理由の心理学

[日] 加藤谛三——著
林煌——译

外语教学与研究出版社
FOREIGN LANGUAGE TEACHING AND RESEARCH PRESS
北京 BEIJING

雅众文化 出品

目录

前 言

有这样一种人，经常自鸣得意，却被周围的人讨厌。这类人就是本书的主角——神经症患者。

神经症患者的一大特征，便是美国精神科医生卡伦·霍妮[1]所说的“光荣与孤立”。本书记述了他们种种不受人欢迎的行为和想法，正是这些行为和想法使他们陷入孤立的境地。

举个例子，他们视消除自己的自卑感为首要的目标，所以经常在人前说一些大话空话，这些大话空话惹人讨厌，

---

1 卡伦·霍妮（Karen Danielsen Horney,1885—1952），医学博士，德裔美国心理学家和精神病学家，精神分析学说中新弗洛伊德主义的主要代表人物。著有《精神分析新法》《我们时代的神经症人格》《自我分析》《我们内心的冲突》和《神经症与人的成长》等。

这种神经症性质的强烈的自尊心惹人讨厌。又或者，他们认为失败会让自己贬值，于是拼命为失败找借口，拼命想要保护自己。原本是想受到欢迎和承认，却反而招致嫌恶。

神经症患者不断遭遇失败。他们之所以不断失败，是因为始终受困于同一个想法，即想要向别人证明自己的价值。谈恋爱的时候，他们很可能不会考虑对方是个什么样的人，因为他们一点都不关心对方的情况。正是因为对人没有关心，他们才无法得到他人的喜爱。这样不去主动关心其他人和事的人，注定会接连遭受挫折。情场失意，仕途不顺，说到底是因为他们最开始就把目的弄错了。

他们的心理时常处于高压状态，总想着要证明自己的能力。也就是说，在与人交往时，他们没有自信。与人交谈时，如果不能得到自己想要的信息，他们就会焦躁不安。

四十多年来，我接触过许多有着此类烦恼的人。这些人前来咨询的时候，如果得不到能迅速帮他们解决烦恼的“魔杖”，就会陷入焦虑的状态，情绪低落，于是更加被周围的人讨厌。

神经症患者们希望找到不用努力就能获得幸福的方法，结果只能是更加焦虑。他们从不觉得交谈是让人愉快的。但是，其实只要他们觉得交谈本身让人愉快，情绪就不会低落。一场愉快的谈话，正是能够迅速消除烦恼的“魔杖”。开心地做一件事的时候，人不会有“失败”之类的消极意识。

我希望大家在读完这本书后，能明白是怎样的行为和思考方式使得神经症患者无法和别人正常交流。

只要不再以这样的态度待人，神经症患者也能交到足以成为灵魂伴侣的亲密朋友；只要改变思考方式，神经症患者也能逐渐被周围的人接受。我希望大家带着这样的想法开始阅读本书。

人心为什么会受伤

心灵互通的必要性

什么是心灵互通

在我看来，一个心理健康的人必须具备和其他人心灵互通的能力。

那么，怎么样才叫作和其他人心灵互通呢？比如说，心灵互通的一家人，即使各自忙着自己的事，还是能给人“这是一家人”的感觉。这是因为他们一直都关心着彼此。

和小狗心灵互通的人，只要一听到小狗的吠叫，就能马上明白小狗想要什么。想喝水也好，想出门也好，只要听到一声犬吠就全明白了。

和婴孩心灵互通的母亲，只要一听到宝宝的啼哭，就能马上明白宝宝想要什么。宝宝焦急地哭喊时，心灵互通的母亲马上能分辨出“应该是尿布湿了”“该不会是发烧了吧”或是“这是想要奶嘴了”，这都是母爱的体现。而无法和婴孩心意互通的母亲，不明白宝宝啼哭的原因，只能在一旁干着急。能否和母亲心灵互通，关系到孩子的心灵能否健康地成长。

留意旁人变化的能力

能够和其他人互通心意的人，常常能做到关心他人，却很少在别人面前提及自己的情况以寻求他人的关心。举个例子，这样的人会自然地注意到周围人脸色的变化。

“今天这个人脸色不太好”“这个人应该累坏了吧”。与他人心灵互通的人马上就能注意到周围人的情况，真是了不起。“他今天没有吃喜欢的布丁，身体是不是有点不舒服呢？”心灵互通的人马上就能对身边的变化有所察觉。他们不会要求别人也这么关心自己，却无微不至地关心着旁人。

再举一例，旁人常常觉察不到孩子自杀前的变化，对于这孩子为什么要自杀也没有一点头绪。也就是说，选择自杀这一绝路的孩子常常没有得到来自周围人的关心。和这个人拌嘴也好，和那个人争执也罢，都没有人在事后关心他。自杀的孩子通常没有能交心的朋友。

这样的孩子，小时候想必缺少一位在自己说出“头好痛”之前就把手放到自己额头上的母亲吧。哭鼻子的时候，父母不关心他哭泣的原因，而经常随口训斥道：“爱哭鬼，就知道哭！”成长的过程中，周围人给予的关心实在太少了。

孩子发怒时，有积极思考“为什么孩子会这么生气”的父母，也有教育孩子不管遭遇怎样不公正的对待，都不能把愤怒表现出来的父母。在这两种环境下，成长的体验完全不同。反过来，孩子不听话时，既有思考“为什么孩子会不听话”的父母，也有想也不想，只是一个劲儿地对孩子发脾气的父母。

不仅要理解对方说的话，也要试着理解对方的心情

如果孩子放学回家说“我今天在学校被欺负了”，想必会有父母第一时间就前往学校了解情况吧。有些时候，这样做确实是对的。

但是，也可能存在这种情况：孩子说完“我今天在学校被欺负了”后，还想接着告诉父母“但是我也没有示弱哦，很厉害吧”。在这种情况里，孩子想寻求父母的认可，确认在严苛的环境里没有示弱的自己做了件了不起的事。

还有一些孩子想表达自己不甘心被欺负。当然，更多的孩子希望父母能帮助自己摆脱被欺负的处境。

孩子的这些情绪，都可以通过表情去辨别。但也有父母光注意着听孩子的话，而没有留意到孩子脸上的表情。也就是说，有些父母只顾着理解孩子说的话，有些父母却能通过孩子说话时的语气、表情，去推测孩子说话时的心情。这一点也可以作为父母和孩子是否心灵互通的判断依据。

即使在不得要领的谈话中也能得到满足

那个“性格开朗”的孩子为什么会自杀呢?

经常听到这样的疑问：那个“性格开朗”的孩子为什么会自杀呢？但是，发出此种疑问的人往往只在报纸的标题上见到过这个“性格开朗”的孩子。这个孩子的身边却没有人注意到他的“开朗”里隐藏着一抹自杀的阴影。

没有人注意到那个孩子最近不太和大家一块儿玩了。其实，自杀之前的孩子会向周围释放各种各样的信号：像是收集自杀方面的信息，突然开始听死亡主题的音乐，或是行为举止异于往常，等等。以上提到的都在美国出版的防止自杀的内容的书上有提及。

但是，孩子的周围没有一个人注意到这些征兆。他的周围也许有那种一边点头一边“是啊，是啊”地应和着他的人，却没有人关心为什么他身上会发生这些变化。他的周围缺少真正关心他的人。

美国大学里使用的某本心理学教科书上有这样的表述：“十岁到二十岁之间的自杀，大多是由和家人的关系引起的。”也就是说，这个年龄段自杀的孩子大多不能和家人心灵互通，因而得不到来自家人真正的关心。

心灵互通的家庭和互不关心的家庭

在心灵互通的家庭里，老人能自然地从假牙谈到社会的不景气，而完全不用担心被家里人笑话，并且，老人们还能从这种其实没有条理和重点的谈话中得到满足。心灵互通的人之间，完全不会产生“跟这个人待在一块才划算”“要好好在这个人面前表现才行”一类的想法。

但是，在心灵不能互通的家庭里，往往会有一位不受家人敬重、爱摆架势的父亲。父亲夸耀自己赚得多的时候，家里人会一致赞扬；父亲提出改建家宅的提议时，家里人会一通附和。父亲通过这样的方式得到家里人的赞赏，以满足自己幼稚的愿望，这样的父亲并不真正关心家里人。所以，就算父亲赚得多、房子建得气派，儿子照样可能跑去自杀。因为，即使生活条件再好，孩子依旧没有得到家人的关心，无法与家人心灵互通。如果身边有能够交心的人，即使遇到再多困难，也有可能一一克服。

心灵互通是活力的源泉

拥有心灵互通能力的人，不会用对自己“有用”或“没用”的标准去评判一个人。单单是与人交心就足以让他们感到满足。能和人交心的朋友拥有坚实的精神后盾，即便大吵一架，也会祈祷对方过上幸福生活。和能交心的人聊天不必顾及情面，也甚少有说不出口的话。想拒绝的时候可以大方拒绝，即使吵架也不必担心会断绝来往。

总之，没有必要勉强自己去迎合对方。拒绝对方请求时，既不必有抛弃朋友的不安，也不需要为对方担心。如果两人的交往能达到这种程度，就可以称作是心灵互通了。所以，心灵互通是活力的源泉，没有活力的人不会是拥有心灵互通能力的人。

美洲原住民教给我们的“人生的平衡”

脑科学和美洲原住民的共同点

“人生最重要的是掌握平衡。”

有位美洲原住民写下了一本标题为“ Wokini ”[1]的书。在原住民的语言里，“ Wokini ”有“崭新的人生”和“幸福”的意思。这本书的第六章提到了掌握平衡的重要性。

书中把河流当作平衡的象征。作者提到，河流一刻不

1 Billy Mills and Nicholas Sparks, *Wokini: A Lakota Journey to Happiness and Self-Understanding*(Carlsbad:Hay House,2003).

停地流动，人也同样需要做着各种运动。河流流动的同时不断地净化自身，所以运动对人来说是非常必要的。仔细观察经常烦恼的人，就会发现他们经常处于运动不足的状态。长时间不运动，人就会陷入疲倦。

书中还这样写道："人生如果缺失平衡，人就不是一个健全的人。"而在这种平衡之中，最容易被忽视的就是人体的运动。"如果失去了平衡，人就无法体验至上的幸福了。"

阅读美洲原住民的书籍时我发现，他们的说法和现今医学前沿的学者们的研究结论有许多共通之处，这让我感到十分惊讶。

1997 年 3 月，美国广播公司曾在《晨间新闻》节目中，做过一组当时最新脑科学研究的系列报道。3 月 14 日，系列报道播出最后一集，主题是"如何使大脑保持年轻状态"，即"如果想一直保持朝气蓬勃的状态，我们应该怎么做"。节目中提出了七个重要提示：保证一定量的社交、经常思考、切勿急躁、懂得灵活变通、避免受伤、远离烟酒、最后是锻炼身体。随后，节目的女主持人琼·伦登总结道："也就是说，要保持平衡是吧。”

著名的脑科学专家久保田竞曾经说过：“为了让大脑保持年轻，需要不断地让大脑处理信息，换言之，让大脑活动起来。而与此同时，身体也必须运动起来，身体强健是大脑年轻的坚实基础。”因此，他建议人们每周步行十五公里。人在运动时会分泌出成长荷尔蒙，它是人适应各种压力的重要物质。人在运动时还会分泌出逐渐广为人知的 β－内啡肽。即便不是什么剧烈的运动，只要持续二三十分钟，人体分泌出的 β－内啡肽就会溶入血液中了。

久保田竞解释道，身体的运动和心理健康大有联系，和大脑健康也是息息相关。人的精神和身体是如此紧密地相互联结，其中的平衡一旦被打破，人的健康就会受到威胁。

注意各方各面的平衡

需要注意的是，前文说到的平衡并不仅仅指精神和身体的平衡，还包括一些更具体的平衡，比如工作和兴趣的平衡、业务和家务的平衡、右脑和左脑的平衡、理性和感性的平衡、合理性和神秘性的平衡、精神和物质的平衡等等。

在现代社会里，体力劳动者过多地使用体力，脑力劳动者过多地使用脑力。这样的社会分工使得两者都失去了精神和身体的平衡。学者詹姆斯在《印第安的教导》[1]一书里指出：美洲原住民的社会里没有这样的分工，也就不存在过多地使用体力或者脑力的情况。

《印第安的教导》一书里还有关于宗教信仰和在自然中生活等方面的内容，透过这些内容，我们可以清楚地看到其背后的本质。而这种本质，用一句话概括，就是“掌握各方各面的平衡”。

1 George Wharton James, *What the White Race May Learn from the Indian* (Chicago : Forbes & Company,1908).

失去平衡的话，会造成什么样的麻烦

想有所成就的人的心理

小时候因为被轻视或者无视而留下心理阴影的人，经常会有“走着瞧”的想法，进而无视自己的实际能力，幻想自己能变成很厉害的人来回敬对方。这样的人往往无法正面肯定自己，只要没有得到别人的夸奖，就会在心理上否定自己。也就是说，这样的人只顾着赢得别人的好评，没有为自己而活。心理层面上，这样的人像无根的草，为争得金钱和名声殚精竭虑，最终失掉了生活的平衡。

对于复仇心如此严重的人来说，事业的成功意味着一切。在他们眼里，事业上的成功意味着高人一等。于是，只要停下手头的工作，他们就会觉得是在浪费时间。亲近自然一类的休闲，在他们看来都是在浪费时间。

著有多部精神分析方面著作的精神科医生卡伦·霍妮，把这样的人归类为“傲慢复仇型”人。她进而指出，在所有类型的神经症患者中，这一类型的人是最“令人惊讶的工作狂”，典型的例子应该就是过去日本的工薪族了吧。这一类型的人破坏了人生最重要的一项平衡：他们为了工作而彻底忽视了家人。

日常生活中的“小确幸”

对于“令人惊讶的工作狂”来说，变成“无所不能的人”以治疗受创的自尊心是非常必要的，这样不切实际的目标往往会让他们陷入不幸的一生。因为想要利用每一分每一秒来把自己变强，他们拼命工作，终于因为工作过度而损害了自己的健康。健康的秘诀就是丢掉那些愚蠢虚伪的自尊心，自然地，也就能重回平衡的生活。

“令人惊讶的工作狂”有一个特征，就是无法发现生活中的“小确幸”。“德里克·斯卡贝克说过，比起巨大的快乐和喜悦，人的幸福可能更多地藏在细碎的事情之中。”这句话出自我翻译的波兰哲学家塔塔科维兹所著的书。[1]书中还有这样的描述：“冬日的一缕斜阳。远离村人喧嚣的寂静的夜，没有任何阻扰的冥想。黄昏的乡野屋舍里，蜡烛点燃前的片刻。或者，和友人围炉把酒，唱一曲应景的歌。又或者，灯火之下，家人齐聚的和乐时分……”

心理健康的人能捕捉到一个又一个细碎生活中的幸福时刻。

失去平衡的生活将会麻烦不断

即使有人好心地提醒“你的生活方式太不正常了”，工作狂们也往往不会有什么反应。许多学者都提醒过人们要竭力避免这种破坏平衡的生活方式。

1　塔塔科维兹（Władysław Tatarkiewicz,1886-1980），波兰哲学家、历史学家、美学家、伦理学家。著有《古代美学》《中世纪美学》等。此处所著的书是指《解析幸福》（*Analysis of Happiness*）一书。

瑞士学者卡尔·希尔逖[1]引用了《马太福音》里的话:“人若赚得全世界，赔上自己的生命，有什么益处呢?”随后又补充道：“但是，做到这种程度的也不多见啊。”由于心理受过创伤而导致失去人生平衡的事情，很早之前就时有发生。

这些人的人生悲剧不仅限于人际关系方面的纠葛。诚然，其中的许多人因为处理不好人际关系而导致失败，但对于其中所谓的成功者而言，等待他们的很可能是另一幕悲剧。这样的人一旦成功，十有八九都会沉溺在旁人的奉承之中，久而久之，围绕在他们身边的都是些只会拼命说好话，想借机从他们身上捞取好处的小人。

这些成功的人觉得既然自己如此关照周围的人，那周围的人肯定也会毕恭毕敬地、长久地为自己效力吧。可事实上，周围的人一旦不再受到关照，便会一哄而散。

---

1 卡尔·希尔逖（Carl Hilty,1833 - 1909），瑞士宗教哲学家，国际法大师。晚年致力于将多年来读书所获得的丰富的学识和对人生的观察用凝练的随笔记录下来。主要著作有《幸福论》《不眠之夜——360个人生意义的思索》《书简集》等。

成功的人遂发出世态炎凉的感叹，但一般人其实并不像他想象的那样冷漠。只不过，这些成功的人过着和真心诚意的人无缘的生活。他们的生活态度和方式，决定了他们只会吸引到趋炎附势的小人。如果找到生活的平衡，应该也就能聚集一群真心诚意的朋友了吧。

乐观的人和悲观的人

自杀的新员工的故事

这一节的内容是“心理健康及其解释”。我们举一个某公司新进员工的例子。这个人毕业后进了一家广告公司，从进公司的第一天起就出去谈业务，一开始当然并不顺利。虽然也有人大学时代为社团活动制作过小册子，到大学周围的店铺拉赞助，但有这样经验的人毕竟是少数。大多数人在大学的时候想必没有接触过广告业，因此一开始的不顺利也是完全情有可原的。

但这个人是怎样解释自己出师不利的情况的呢？他是这样理解的：都是因为我不擅长和陌生人沟通，不善言辞的我根本就无法胜任公司交给我的任务。我这个人算是完蛋了。这么想着，第二天上班途中，他跳下了山手线的月台。

但是，真的能把他的自杀归因于广告业务的不顺利吗？其实，那一年这家广告公司共招收了九名新员工。第一天出去跑业务的时候，全员铩羽而归，但其他八个人并没有选择自杀。所以，比起业务不顺的事实来说，对待失败的态度才是新员工的自杀的根本原因。

是自己不好，还是时运不济？

即使遭遇同样的失败，乐观的人和悲观的人所持的态度也会完全不同。有一种判定心态是否乐观的方法，心理学上叫作“解释法”。克里斯托弗·彼得森[1]博士和丽萨·M.波西奥[2]在论文《健康的态度》[3]中提出了这一概念，论文被收录到《心和身的医学》一书中。我们以此为基础，分析何为“健康的态度”。乐观与否可以参考以下三个标准作

---

1 克里斯托弗·彼得森 (Christopher Peterson,1950–2012)，美国密歇根大学心理学教授，著名心理学家，他是积极心理学的创始人之一，并以其在乐观、健康、幸福等领域的研究而享誉世界。著有《积极心理学》《性格优势与美德》《习得性无助》等。

2 丽萨·M. 波西奥（Lisa M.Bossio），自由作家，居住于旧金山。

3 Caniel Goleman and Joel Gurin (eds.), *Healthy Attitudes: Optimism, Hope and Control* (Mind Body Medicine: Consumer Union, 1993 , p.357).

出判断：第一重标准是，把失败的原因归咎于自己，还是会考虑外部的因素。前文提到的新员工把广告业务不顺利的原因都归结到自己身上，也就是“向内解释”。

出去跑业务但同样没有斩获的其他员工中，有人这样考虑自己失败的原因：现在经济如此不景气，企业必定会削减广告支出，我们的工作自然很难顺利进行。这样解释的人，考虑到了经济环境这个外部的因素。这就是判断健康态度的第一重标准，即选择向内解释还是向外解释。

把失败的原因归结到自己身上的人，往往认为自己身上有根本性的缺陷，以后也会屡战屡败。事实上完全没有这样的事。

得不到下属的欢迎和认可，有些上司便会认为是自己的性格所致。又因为性格无法轻易改变，这些上司便觉得再也无法得到下属的认同，也就无法在公司受人拥戴、一路晋升了。这样考虑问题并因此陷入失望的人是悲观型的人。

但也有上司认为，自己之所以不受欢迎，并非是由自己的性格所致，只不过恰巧科室里的下属都和自己不怎么合得来而已。也就是说，以后也有可能出现下属和自己合得来的情况。懂得向外寻找原因的上司，在得不到下属的拥戴时，也会多考虑时机和运气这样的外部因素。

第二重标准是，认为导致失败的原因是长期的还是只是一时的。前文提到的新员工认为业务不顺利的情况不会好转，或者说，认为这种情况会一直持续下去。如果换一个角度想，就不至于如此绝望了。正是认为这种不顺会一直常伴左右，他才陷入了绝望。

把失败的原因归结到自己身上的人，再度遭遇失败时又会怪罪自己。之所以会做出这样的解释，是因为他们认为自己身上存在着根本性的缺陷。

简单地说，这样的人在心理上已经被击溃了。他们会想，即使再去跑一趟业务，也一定会空手而归吧。他们对自己的工作能力已经完全绝望，所以否定了所有顺利完成工作的可能性。

其实，这位新员工之后完全有可能顺利拿下广告案子，但是悲观的心态让他看不到这样的希望。一味责怪自己的人，会持续不断地自我否定。而这家广告公司里那些乐观的新员工，在他们看来，坏运气不会一直缠着自己，工作总有一天会变得顺利。

即使良机不断来敲自己家的门，悲观的人大概也不会注意到，敲多少次都不会注意到。如此这般，良机会认为家中无人，返身离开。然而，悲观的人却以为良机从来没有到访过。

第三重标准是，就事论事地限定自己的失败，还是上纲上线地放大自己的失败。“最后一点，乐观的人和悲观的人对失败的影响有着不同程度的理解。”有一种人会上纲上线地放大自己的失败，认为自己在别的方面也会重蹈覆辙。那位新进员工拿不下广告案子，就认为别的工作肯定也做不好。公司里还有其他工作等着他去做，他却因为广告业务的失利，认定自己什么都做不好。之后，他更把这桩失败无限放大，认定自己今后的人生也将一塌糊涂。

其他员工则认为，广告业务的失利就是广告业务的失利，和别的工作没有必然的联系，更不会对工作以外的私人生活造成影响。

反观悲观的人，玩不好跳箱，就觉得跳房子和游泳肯定也都玩不好。研究生阶段成绩不佳，就觉得自己肯定和政治家身份无缘了。

有了乐观的心态，才能从失败走向成功

我还想加上第四重标准：能否积极地看待失败，并从中发现和成功的联结点。是一味觉得失败是一件糟糕的事，还是能看到其中积极的一面。

看待失败的方式，既可能成为通往成功路上的垫脚石，也可能成为通往成功路上的绊脚石。有人一旦遭遇挫折，就立即放弃了自己的梦想；也有人转变对待失败的方式，并以此为契机走上成功的道路。

期中考试考砸了，有学生会大喊“啊，太好了”。这是因为他知道，如果此时认识到错误并积极改正，等到更重要的期末考试时，就可以避免再犯。失恋了，会有人觉得“这样也好”，明白自己不被恋人接纳的原因后，遇到更重要的可以托付一生的对象时，就不会再重蹈覆辙了。

失败伴随着我们的一生。即便如此，心理不健康的人却想要完全远离失败，遭遇失败的时候也无法积极地看待。但是，能从失败中看到积极一面的人，遭遇失败时会首先认为这是一件好事。正因为有了眼前的失败，才能吸取教训，避免今后遇到更大的失败。

失败在这里并不仅仅是指事业受挫、夫妻不和这样重大的失败，也包括那些日常生活里可能会遇到的小挫折。

比如，某家公司的某次年终宴会，由于餐馆不怎么卫生，许多吃了生牡蛎的员工开始腹泻。这个时候，会有人觉得"啊，太好了"，因为他知道，往后再也不能在这样的地方乱吃生的东西了。而悲观的人则会因为腹泻之苦，暗暗怨恨把年会选在这种地方的干事。

能从这次腹泻的经历中看到积极一面的人，会庆幸下一年再也不会在类似的地方吃错东西了；一味怨恨干事们的人，则很有可能在下一年聚会时，仍旧把不干净的食物吃下肚，再次遭受腹泻之苦。

过于依赖他人者的心理

别把受人喜爱当作目的

提出不切实际要求的人

美国著名精神科医生卡伦·霍妮提出过“神经症要求”的概念，即神经症患者提出的要求。那么，心理健康的人和神经症患者提出的要求究竟有什么不同呢？卡伦·霍妮列举了神经症要求的四个特征，下文将一一加以分析。

首先，神经症患者提出的要求是不切实际的。

什么是“不切实际的要求”？比如说，自己生病的时候，觉得大家都应该立即前来探望，并把大家的好意视为理所当然，完全没有意识到大家都还有自己的事。如果有谁没在自己生病时伸出援手，便觉得自己受到了那个人的轻视，从此记恨在心。

也就是说，神经症患者希望邻居和家人都是天使，拒不接受大家和自己一样都只是普通人的事实。他们没有意识到，生病时别人没有伸出援手的“果”，正是平时专门利己的自己种下的“因”。他们一边无视自己的自私行为，一边愤愤不平地指责他人的冷漠。

神经症患者还希望配偶能一直给自己好脸色看，一旦对方心情不佳，就会心生不满。配偶也是普通人，也会有心情不佳的时候，神经症患者却对这一点视而不见。

发出邀请后被婉拒就会勃然大怒，人都有不方便的时候，神经症患者却拒绝接受这一点。

工作明明不怎么辛苦，却觉得只有自己应该加薪。明明没有把多少心思花在工作上，却觉得只有自己应该升职。渐渐地，他们变得只在乎自己的形象。

心智不成熟的父母没有耐心等待孩子成长。神经症的父母希望孩子能完全像大人一样行动，但孩子就是孩子，这样的要求是孩子不可能做到的。

开车的时候，如果不是一路绿灯，就会心烦气躁。这种事事要求完美的态度不仅针对外部世界，有时也会作用到他们自己身上：钻进被窝却不能马上睡着的话，就会烦躁不安。当自己也没办法达到这些不切实际的要求时，他们就会对自己心生怨恨，久而久之，他们变得无法接纳自己。

因为没有实际的目标，才转而追求虚幻的理想

那么，神经症患者提出的要求为什么总是不切实际呢？

这是因为，神经症患者并不生活在现实世界当中。正因为回避现实，才转而向他人提出一些不切实际的要求。他们从不自我反省，也从不觉得给别人添了麻烦。而心理健康的人，因为懂得换位思考，所以能体谅他人的行为。

换句话说，正是因为没有自我，神经症患者的要求才显得那么极端；正是因为没有具体实在的概念，神经症患者的要求才会那么不现实。想要变得幸福，却不知道具体

想要的是什么样的幸福。想要结婚，却不知道该和什么样的人结婚。不只是结婚，神经症患者对每件事都只有“想要”这种抽象的想法。

心理健康的人则截然相反，他们明确知道自己想和谁在一起，想在哪里举行婚礼。一个个确定的瞬间相连在一起，这种“想和某人在某地举行婚礼”的想法成了他们的动力之源、幸福之根。

神经症患者的梦想也是不切实际的，大多数梦想都只是为了填补现实的空虚。他们希望自己能变成像美国前总统林肯一样的人，这样就能受到万人爱戴。但是，这种抽象的想象并不能让他们真变成林肯。

与此相对，自我实现型的人拥有确切而实际的愿望。因为清楚地知道想把钱花在什么地方，所以对薪水的要求便符合常理。如果对把钱花在哪儿完全没有概念的话，反而会在提出薪资要求时蹦出一个高得吓人的数字。心理健康又懂得自我实现的人更接地气，他们提出的目标即使看上去难以企及，但只要付出努力，就有可能实现。

神经症患者没有具体实际的目标，一心只想受人欢迎、被人喜爱，所以才会提出一大堆不切实际的要求。别人在为成为林肯而努力的时候，他们已经在幻想成为林肯之后的情景了，这就造成他们不顾现实，一心做自己虚幻的梦。

直面日常生活的艰辛

不切实际的愿望是害怕失败的表现

总是觉得自己这也不行那也不行的人，却常常拥有想拯救全人类这样与自己形象严重不符的愿望，周围的人也常为这样巨大的反差感到惊讶。那么，为什么总是感到自卑的人反而会拥有拯救全人类这样夸张的愿望呢？

这是因为，神经症患者希望借助这样的愿望回避现实中的竞争。现在谁都不把自己当回事儿，但如果自己变成了林肯那样的人，大家肯定就会对自己刮目相看了。这种对比让他们陷入了“成为林肯之后”的一系列想象当中。与此相比，身边那些自己想成为的人，不过是确认了自己无法成为他们的事实，也即确认了自己的失败。这对他们来说是双重的苦闷。

虚幻的愿望恰好可以用来充填空虚的现实。加入现实的竞争，则有可能面临失败。而现实中也没有可以求助的对象，如果失败，那么惨戚又将多增一分。这就是神经症患者没有实际目标的原因。

神经症患者希求来自旁人的“特别的爱”。他们希望周围的人都投来赞许的目光，齐声呼喊“哇，好厉害啊”，但是，他们没有得到这种“特别的爱”的具体计划。他们泛泛而谈自己的目标，于是也就浑浑噩噩地任时间流逝，不时意淫着别人的称赞，以获得心理上的安慰和快乐。

美国的学校里有这样一位挥霍无度的学生。因为在日本的学校待不下去了，家里又有钱，父母就把他送到美国留学。但即使到了美国，他也一不读书二不运动，整日开着豪华的跑车兜风、出入高级餐馆、买名贵的礼物讨女孩子欢心，过着和学生毫不搭调的奢华生活。

他之所以这样挥霍无度，恐怕是因为想要借此消解日常生活中的苦闷，填补现实的空虚吧。为了一解得不到“特别的爱”的苦闷，于是大手大脚地花钱。有了明确实际的目标，人才可以踏实地奋斗。

神经症患者一方面抱怨自己没有朋友，另一方面却没有半点交朋友的意愿。只要脚踏实地，总有可能收获他们期待的“特别的爱”，但他们偏偏不这么认为，照样板着个脸、垂头丧气。这样一来，自然谁也不愿意靠近，他们也就交不到真心的朋友了。自己不主动出击，自然得不到回应。但主动出击对于神经症患者来说实在太难了，完全是在勉强自己。如果变成林肯那样的人物，周围的人就会围过来向自己示好，这样自己就可以不用主动了。神经症患者们自然更愿意做“变成林肯那样的人物”的春秋大梦。

容易受伤的原因

总是抱有不切实际的幻想的人很容易受到伤害。一生病就想所有人都应该前来探望，一旦愿望落空，就感觉受到了伤害，并开始生气，或是陷入深深的失望之中。普通人既不会因为这种事感到受伤，也不会生气，更不至于失望。卡伦·霍妮指出，妄自菲薄的人容易受伤。同时，时常提出“神经症要求”的人也很容易受伤。期待着生病后朋友们都能来探望自己，一个劲儿地想象自己生病后的情景，一旦期待落空，他们便觉得受到了朋友的背叛。

以自我为中心的人的表现

只顾自己，不为对方着想

我们再来看卡伦·霍妮提出的“神经症要求”的第二个特征：自我中心主义。首先，我们试着分析一下还没有严重到神经症的程度，但喜欢以自我为中心的人的行为。

担任演讲会的主持，但主持得不成功的人，在被问到演讲会是否成功时会有以下两种回答。以自我为中心的人倾向于直接回答“不成功”，不以自我为中心的人则倾向于回答“演讲会很成功，但我主持得却不怎么好”。

一旦自己负责的主持部分失败，自我中心主义者就不去关心演讲会的其他环节了。如果关心的话，一般会留意到观众的反应是否热烈、演讲是否精彩、演讲人的举止是否自然等现场的情况。

以自我为中心的人，一般只会关心自己的表现是否完美。一旦表现不佳，便觉得会受到旁人的责备。看到演讲人情绪不佳，就会认为是自己糟糕的主持导致的，于是不断自责。但是他其实并没有仔细观察演讲人的一举一动。

在演讲会的现场，有时会听到有人说“我为筹办这场演讲会付出了多大多大的努力”，这就好像在和别人显摆“看吧，我很厉害噢”。他们完全没有考虑到，演讲人和嘉宾们可能是百忙之中抽空来参加演讲会的。

也有这样一种人，在演讲会场激动地说着“您能在百忙中拨冗前来，真是我的荣幸”，却把对方拜托自己购买禁烟席车票的事情忘得一干二净。这样的人关心的只是说着漂亮话的自己，半点没有为对方着想的意思。以自我为中心的人经常陷入这种自我陶醉。

感到烦恼的不只是你一个人

这样程度的自我中心主义尚且可以接受，那么神经症式的自我中心主义又是怎么一回事呢？神经症式的自我中心主义会在人烦恼时表现出来。这种表现是：烦恼的时候，总觉得只有自己一个人陷入了烦恼的状态，并且认定自己的烦恼肯定是最严重的那一种。

因为失恋而陷入烦恼的时候，便认为失恋是人生最大的烦恼。面对那些为金钱犯愁的人时，失恋的人常觉得不可思议：那些人明明都有对象，还有什么好愁的？

他们在陷入烦恼时只关注自己，一旦旁人露出笑容，他们便会觉得这些人肯定没什么烦恼。神经症患者通常只注重事物的外表和形式，而不愿深究其本质，他们甚至没有想过，自己的倾诉对象可能正面临着比自己还要糟糕的处境。

自我中心主义者经常把人际关系处理得一团糟。他们认为，只要自己尽力真诚待人，对方必然也会真诚地对待自己，一旦自己的期待落空，他们就会因为“自己做了这么多事，却没有得到回报”而对对方感到不满。但是，当他们以这个理由向对方抱怨，对方只会感到困扰，“又不是我拜托你这么做的”。

自我中心主义者经常无视别人的感受。比如说，他们想见某人时，并没有考虑到也许对方并不想和自己见面，或者对方刚好没有空和自己见面。也就是说，他们完全无视了别人的感受，一点也没有尊重对方的意思。接着，只要自己的愿望没有得到满足，他们便会愤愤不平地表示“没有一个人能理解我”。他们没有考虑到，对方从一开始就没有强求他们拿出十足的诚意；他们也不能理解，其实是自己展示诚意的方式出了问题。

请站在别人的立场上考虑一下吧

说出心里话并期待得到回应的人

挺多烦恼中的人都有写日记或手账的习惯。他们有时会把笔记本放在显眼的地方，如果没有得到别人的回应，他们就会觉得“我都把事情做到这个份儿上了，你们怎么还不来关心我”，并感到十分不满。想到“我把这本重要程度仅次于生命的笔记都拿给你看了，你却……”，就更是气不打一处来。如果笔记本不慎被弄丢的话，恐怕会一辈子记恨对方。

他们不能理解的一点是，对自己来说重要的东西，对别人来说不一定有多重要。再说了，很少有人会想要翻看别人的日记或者手账。

他们常让人觉得“真的有必要把自己的伤口揭开到这种程度吗”？不管对象是谁，逢人就讲述自己受伤经历的人，大多是以自我为中心的人，他们希望以这种方式得到别人的同情和保护。

其实，故意把笔记本放在显眼处也好，向周围的人大倒苦水也罢，都是希望对方能像母亲一样保护自己的人。他们无意识地想和周围的人建立起一种类似父母和孩子之间的关系，借此得到保护。所以，他们想要和人交流时，并不想解决具体的烦恼，而单纯是寻求一种精神上的庇护。

大家都有自己想做的事

以自我为中心的人，常常会把心神全部消耗在自己正在烦恼的事情上，完全忘记了此刻听着自己大倒苦水的人也有自己的需要和苦恼，手边也有正在忙的事情，也就注意不到自己这样是在给对方添麻烦。对方的生活可能也是一团糟，可能也需要找一个人好好倾诉，自我中心主义者们却从不会这么想。

对于自我中心主义者们来说，所谓“现实”就是他们“此刻想做的事”。他们没有考虑过，大家都有自己想做的事，都有现在不得不处理的事。别人此刻想做的和不得不处理的事，在他们眼里根本不存在于“现实”当中。

他们喜欢在人际关系中强调自己的付出。比如说，为了和对方见面，自己大老远从家里来到见面的地点，这时，他们就会主动强调自己是从多么远的地方赶过来的。说白了都是些鸡毛蒜皮的小事，但他们还是不断强调着自己的付出。他们经常向旁人描述自己是多么的心力交瘁，问题是，描述里听不到任何具体的受伤经历。所以周围的人往往会认为“这才多大点事，真的有必要说到这个份儿上吗”？他们强调自己受害者的身份，一边愤怒不已，另一边又渴望来自旁人的关爱。所以，烦恼中的人常以受害者自居，强调自己遭遇了残酷的对待。

如果在和烦恼的人谈话时提出“也许是你的态度有问题，你应该端正一下自己的态度”之类具体的建议，他们是要发火的。为什么他们会发火呢？这是因为，他们根本就没考虑过端正态度这回事。与其说他们是去谈话的，不如说他们是去寻求关爱的。

自我改变的意识

只顾自身的母亲

我们再来看卡伦·霍妮提出的“神经症要求”的第三个特征：想要达到既定的目的，却不愿付出相应的努力。

有这样一位上了年纪的女士，年轻的时候对儿子不理不睬，只顾过自己想要的生活，还不时虐待自己的儿子：比如举着点着的柴火，一边喊着“我要杀了你”，一边追赶儿子。儿子进入社会后，她又不断向儿子要钱，好让自己能继续过上奢侈的生活。这位母亲从来没有觉得自己的儿子可爱过。

一旦跨入高龄者的行列，她又利用自己弱势群体的身份，向儿子提出各种无理的要求。她认为，照顾自己是儿子应尽的义务，是天经地义的事，于是经常对儿子说："我认识的人可没有一个住进养老院，别说这种这么不近人情的话嘛。"

母亲在孩子小的时候满怀爱意尽抚养之责，孩子在母亲上年纪时也就会满怀爱意行赡养之事。但是，作为神经症患者的母亲在孩子小的时候并没有满怀爱意地抚养孩子，甚至没有尽到母亲的义务，等到自己上了年纪，却反过来要求孩子报恩。

如果在孩子小的时候尽了母亲的责任，等到上年纪时，即使不主动要求，孩子们也会妥善赡养自己。即使不常嘱托，孩子们也乐意照顾自己。不只是履行赡养义务，孩子们是满怀爱意地照顾自己的母亲。可以说，父母小时候怎么抚养自己的孩子，孩子长大后就会怎么孝敬自己的父母。

想想自己十年前做过的事

神经症患者把自己做过的事通通抛诸脑后，只顾不断地提出要求。一旦要求得不到满足，便会记恨那些忽视他的人，或者嚷嚷着世道不公，怨恨整个社会。刚才提到的那位神经症的母亲，便以这样的心情敌视自己的孩子、敌视自己周围的人。在她的周围，有一些上了年纪的母亲得到了孩子无微不至的照顾，但那是因为这些母亲在年轻的时候，也倾注了相当的感情照顾自己的孩子。但是，她却只字不提自己年轻时的所作所为，只为“凭什么那些人可以受到无微不至的照顾”而愤愤不平。

面对烦恼的人，我经常会问：“十年前你做过些什么？二十年前你做过些什么？”这是因为，烦恼的人品尝到的苦果，很可能是十年前、二十年前埋下的种子。

神经症患者在患病后经常悔恨不已。体力不支时，他们会嫉妒周围健康的人。别人那么健康，自己却疾病缠身，看到健康的人，一股对疾病的恨意就油然而生。但是，他们却不去回想，健康的人十年前都做了些什么，自己十年前又都做了些什么。下班后跑到酒吧里喝通宵的人和跑到健身房锻炼的人，十年后的健康状况当然大不一样。

神经症患者只感到烦恼，却从不思考“自己为什么会变成现在这副样子”，所以情况并不会有丝毫的改善。渐渐地，痛苦和怨恨占据了他们的头脑。

别只宣扬对自己有利的主张

“仔细想想，自己确实一次也没觉得孩子招人喜欢，一次也没有觉得有这个孩子真是太好了。所以，孩子对自己不好也是理所当然。”刚才提到的那位母亲，如果能有这样的想法，主动剖析孩子不待见自己的原因的话，孩子们的想法也会随之改变的吧。“过去的事情就让它过去吧，毕竟母亲只有一个，接下来也要好好照顾她。”

但是神经症患者坚持认为“孩子应该妥善赡养父母，这是孩子应尽的义务”，只宣扬对自己有利的一般规范，而苛责身边不支持他的人。不断描画孝子的形象，去批判现实中自己的孩子。打着正义旗号的人有不少都是典型的神经症患者，他们眼中只有对自己有利的道德规范，而完全无视了这些规范的适用范围。

对这些打着正义旗号的神经症患者没有抵抗力的正是他们的同类。神经症患者们因为没有尽到自己的责任而心存内疚，所以对这样片面的正义和爱没有抵抗力，被打着正义旗号的同类们耍得团团转，无法拒绝他们的主张。反观那些从来都尽职尽责的人，轻易地就能识破神经症患者们的幌子，坚决拒绝他们的无理要求。神经症患者们骗得了同类，却骗不了那些心理健康的人。

不付出努力的人

只顾索取，毫无贡献的三个原因

那么，神经症患者们为什么不付出相应的努力呢？

第一个原因是，他们要求自己是“特别的一个”。只有自己可以一直活下去，长生不老，就算暴饮暴食也不会生病。即使没有为保持健康付出相应的努力，他们也认定芸芸众生中自己这样“特别的个体”会永远健康。他们既不控制饮食，也不运动，看着变胖的自己和身旁苗条的人，他们只会一味地抱怨上天的不公。他们不明白生命在于运动这个道理，却妄想永葆青春。

别人都理解并遵循着自然的法则，神经症患者们却不愿接受。年老之后，他们还幻想着和年轻人一较高下。

神经症患者们无法理解事物之间的因果关系。举个例子，比较自己和旁人时，他们完全不关注别人为实现目标而付出的努力。只要看到别人开心地笑，就认定那个人没什么烦恼。实际上，能开心地笑并不代表没有烦恼，别人也是付出了努力才能克服或暂时忘记烦恼，展示出笑容的。

第二个原因是，他们无法正确对待自己的真实想法。神经症患者偏爱关注和自己无关的因素：认为老师教书不行，就正大光明地不去学习；觉得学习无用，就理直气壮地不付出半点努力。心理健康的人之所以会付出相应的努力，是因为认识到人是无法逃避现实的，所以人必须先诚实地面对自己。

如果身边有可信的人，他们便终于把目光对准自身，直面现实中的自己。但如果周围都是些不怎么可信的人，付出努力就变成了一件困难的事。日常生活是苦闷的，为了消解这种苦闷，他们转而追求虚幻的名声。他们每天都把自己逼得太紧。这样的状态即是神经症的症状。

比如说，当有人对他们说“既然想交朋友，那你自己也必须付出努力才行啊”的时候，心理健康的人在听到“你自己主动去接触别人不就好了”的建议时，并不会觉得难受。但神经症患者们却做不到“自己主动”，因为觉得存在被拒绝的风险。与其诚实地面对自己的想法，他们更愿意选择维持一个人孤零零的状态。

第三个原因是，神经症患者通常没有具体的目标，所以无法付出相应的努力。想买房子的人自然知道要努力，努力工作的话，就可以早日赚到买房子的钱。几分耕耘就有几分收获。他们认清现实，为了实现自己的既定目标而踏实努力。

没有具体目标的神经症患者们喜欢逃往虚幻的梦中。所以他们不会付出半点努力，却不断抱怨着不如意的现状，并经常陷入焦虑状态。

即使想装装门面，也不愿付出装门面的努力

有这样一种人，明明很在意输赢，却不愿意付出努力。心里明明记挂，行动起来却立马放弃。如果让这样的人执

掌公司财务的话会怎么样呢？他们大概很容易变成挪用公款的人吧。即使想装装门面，也不愿付出装门面的努力，因为这样一定会操很多心、流很多汗，太辛苦了。但是，他们却不想失去外表的体面。这就是典型的“想在人前吃得开，却不愿付出半点努力”的神经症患者的形象。

想受人尊敬却不付出努力，想维持体面却流不得汗水，那就必须想出一些特别的方法，采用一些非常的手段了。比如稍微改写公司文件上的数字，挪用一两笔公款，神经症患者是很难抵抗这种诱惑的。

想受到部下的欢迎，想得到家人的赞许，想让亲戚都尊敬自己，想让朋友都佩服自己。但达成这些愿望的过程实在太辛苦了，所以他们决定要开辟新路，这条新路就是挪用公款，因为再没有比这更让人乐在其中的赚取金钱的方法了。会做出挪用公款这种事的人，大都是那一类自我意识过剩、即使不付出努力也想受人瞩目的人。这样的人话说得漂亮，但都是为了保持自己的体面；满口冠冕堂皇的大道理，却无时无刻不在打着自己的小算盘。

我还没有见过有哪个高谈阔论说着漂亮话的人是不卑

劣的，《论语》有云：“子曰，巧言令色，鲜矣仁。”这实在是一句至理名言。只会说漂亮话的人通常品行低劣。但是，上这种人当的人大多也是神经症患者。

高声地向旁人说道“看起来真的好可怜啊”，以表达自己对不幸的关切之深，这样的人大多是冷漠的利己主义者。真的心存善念的人，在有此感叹之前就会先拿出实际行动了。没有实际行动的人光顾着说些漂亮话，而听信了这些漂亮话的大多还是神经症患者。

说漂亮话的人，最终就会变成那一类不努力工作赚钱而挪用公款的人。即使不是公司的钱，只要是自己管理下的金钱，都可以拿来用。银行也好，证券公司也好，对于神经症患者来说，只要是自己能够挪用的金钱，就可以拿来用。

纸是包不住火的，挪用公款也几乎没有不暴露的。像这类沉溺在挪用公款行径中的神经症患者，迟早有一天是要摔大跟头的。

不可用名声和金钱填补空虚

理想人生的两种类型

卡伦·霍妮提出的“神经症要求”的最后一个特征是报复心理。她指出，神经症患者通常拥有比较强的报复心理。

旁人看来是拥有幸福人生的人，心里其实可能很痛苦。为什么呢？这是因为他并没有在做自己想做的事，过自己想要的生活。

做自己想做的事并过上幸福生活的人，和旁人看起来过着幸福生活的人，即使同样在经济方面、社会地位方面都相当成功，幸福感也完全不同。让旁人不住发出“哇，好厉害！”的赞叹，看上去拥有幸福人生的人，其实可能活得相当苦闷。之所以苦闷，是因为自己的内心并不能得到满足。旁人看起来幸福，实际上内心苦闷的人就像一件展品，活着只为向别人展示自己的“幸福人生”。

他们之所以苦闷，是因为执着于理想中的自我。“理想中的自我”这种说法听上去很帅气，但其实不过是他们的虚荣心在作祟。

其实，所谓“理想的自己”的最大特点，就是要能收获旁人的称赞。当然，心理健康的人也希望得到旁人的赞赏，但那是建立在能够做自己喜欢的事、在合乎自己秉性的事业上有所建树的前提下。和神经症患者不顾一切想要得到赞赏的心理并不相同。

神经症患者往往无视现实中自己的能力，无论如何都想成为“理想的自己”，所以，他们即使满身疲惫也无法停下手头的工作。他们只顾一个劲儿地往前跑，就像有什么骇人的东西追着他们一样。如果他们意识到其实身边的人会伸来援助之手的话，大概就会停下来吧。然而，他们却认为大家都会坐视不理，所以只好硬着头皮继续向前。

连自己的好恶都不清楚的人

神经症患者无论如何都想出人头地。只要能得到周围人的尊敬，喜欢的事也好，不喜欢的事也罢，他们都会照做不误。久而久之，他们就连自己的好恶都分不清楚了。

在神经症里陷得越深，神经症患者就越急切地想要去做那些不自量力的事。终于，他们的行动不再出于自己的愿望，而全为得到别人的羡慕和称赞。比起八岳山麓[1]，登上乞力马扎罗山会得到更多他人的赞许。只要被赞许，从幼年时代积攒的怨气、苦闷就好像都烟消云散了。

之所以陷得越深，就越急切地想要去做那些力不能及的事，是因为陷得越深，神经症患者的内心就越空虚。他们希望用名誉和金钱来填补这种空虚。空虚的程度加重，自然也就需要更多的名誉和金钱。

神经症患者也无法接受失败，其表现就是，他们面对失败时只会唉声叹气。心理健康的人，即使在做自己想做

1　日本名山，位于关东地区西侧的火山群峰。

的事情时失败了，仍然会因为这样宝贵的经验而有所收获。对待失败的态度可以大致反映一个人的神经症程度。生活中的神经症患者没有自我，所以一旦失败便长吁短叹，成功了也不会感到心满意足。这是因为，他们并非出于自己的意志行事，所以即使成功了也不会有成就感或者满足感。

心理健康的孩子之所以会去爬树，是因为他想要爬树。当他没有爬上自己想爬上的那棵树，挑战失败时，他会主动思考其中的原因，然后再次挑战，直至得到令自己满意的结果为止。患有神经症的孩子爬树并不是因为自己想爬，而是因为有不得不爬的理由。一旦挑战失败，就会对挑战失败的自己充满绝望和悔恨。

如果把人生比作房子，那么对“理想的自己”的执着就是蛀蚀房子的白蚁。蛀蚀的时间长了，房子就会倒塌。

把自己越逼越紧的人的心理

因为不安，所以强迫自己

神经症患者经常处于不安状态，并且试图借名声和金钱来逃离这种不安。他们炫耀自己的财富和地位，是为了借此掩盖自信的不足。所以，在名声和金钱方面，他们往往会有强迫性的心理。一旦失去财富和地位便会坐立难安，这就是强迫性心理的一大表现。

因为难以相信任何人，所以他们觉得财富和地位是非常重要的，只有这两样东西能保护自己，只有这两样东西值得信任。即使失去财富和地位，但只要相信身边还是有人会爱自己、关心自己、不会抛弃自己，那么人就不会如此执着于名声和金钱。神经症患者由于不信任周围的人，一旦地位不保、钱财尽散，便无法正常地交际。

对于心理不健康的人来说，实际生活中的自己只能是一个被蔑视、该受谴责的对象。但还有另一个自己，这个自己招人喜爱、受人尊敬，这便是理想中的自己。两者水火不容、剑拔弩张的紧张关系催生了他们对于财富和地位的执念。

请牢记不安的状态和强迫心理之间的关系。

也就是说，意识到自己对某种东西有执念时，能明白自己正在为什么感到不安，能意识到有一种自己之前没有发现的情绪正在左右自己的行动，能深刻反思自己追名逐利到此种地步的原因。

这样一来，执念就转变成了认识真实的自己和理想的自己之间差距的机会。反之，则会继续陷入对名声和金钱的执念，这种强迫性心理会持续很长时间。这样的人甚至再也无法对现实的人生感到满足，最终在执念之中走完自己的一生。

无法看到事情的因果关系，无法把握事情的状况

受强迫性心理影响的人，往往会有“我都这么努力了，还是活得不幸福，看来我要更努力才行”的想法。这是完全无视事情的前因后果，无法判断自己处境的表现。他们其实不理解自己正在做的事。举个极端点的例子，明明想送捧花给女孩，最后送的却是白骨，女孩吓得转身逃开。但他们苦闷又懊恼地抱怨：“我明明这么用心了，为什么会这样？”

他们不去反思自己被拒绝的原因。因为眼里没有对方，所以再怎么努力都不会有回报。因为不去了解对方的愿望，所以事情偏离了自己预期的方向。因为不思考失败的原因，于是更加努力地做重复的事，把更多的白骨作为礼物送给女孩。

再举一例。有的人会为了想要讨人喜欢而故意隐藏自己的真实感情，明明很想和对方见面，却因为怕惹对方不高兴而一直不说出口。这种看似迎合的态度其实颇有拒他人于千里之外的意思，他们却毫不自知，一再“迎合”。事实上，对方可能希望两者之间的关系能够真实亲近，不需

要掩藏，因此面对这样冷淡的态度时总觉得心里空落落的。

神经症患者的眼里没有对方，也不能理解对方。那么神经症患者为什么会对人有好恶呢？如果有人夸赞了自己一番，或者说了一句消解了自己自卑情绪的话，神经症患者就会马上对这个人产生好感；反之，如果有人说了一句伤了自己自尊心的话，神经症患者就会单凭这句话憎恶起这个人来，而完全不去思考那人说出那句话的原因。

出席宴会时，满心以为自己会被安排在上座，结果却被安排到一个不起眼的位置。他们就暗下决心要更加努力，以为更加努力就能被请到上座，却不去思考自己被安排到不起眼位置的原因。这个原因可能不是自己赚得不够多，而是餐桌上的礼仪不够好。比起金钱，他们更需要的其实是心境上的宽裕，但在他们的想法里，赚更多的钱才是当务之急。

这样被强迫性心理支配的人，从小就很少接收到外界给予的有效信息。长大后总会强迫性地洗很多次手，是因为小时候妈妈没有温柔地告诉他“这样就够干净了噢”，没有人夸奖他们“哇，洗得好干净啊”。

报复心理催生的执念

“做出改变”和“降低期待”是两回事

执着于理想的自己，换种说法，也就是无法降低对自己的期待。更准确地说，是无法把对自己的期待调整到合适的位置。心理不健康的人，通常会把“转变期待”等同于“降低期待”。

心理不健康的人经常有这样的错觉：如果不能变成理想中的自己的话，就不会得到周围人的爱。举个例子，有一个精通厨艺，又熟悉园艺、茶道的人，经常因为自己出众的厨艺而受到欢迎，但他却无论如何不能理解这一点，总觉得如果不能把园艺和茶道的水平也提升一个层次的话，就得不到周围人们的喜爱。这样的想法也就是执着于理想中的自己了。

再举一例。可以选择的登山地点有好几个，但心理不健康的人却执着于攀登其中的某一座山。自己的体力明明没办法登顶，选择合乎自己体能的山就好了，但他们却总也不听劝。世上有那么多座山，如果他们能转变想法，认为爬上任何一座山都是成功挑战自然，可以引以为傲的话，就不会有执着于爬上某一座山的想法了。

大概是父母的价值观造成他们对于某座山的执着吧。从小就被以父母为中心的身边的人寄予各种期望，长大后的他们把这种期待内化，从而造成了对事物的执着。其实，只要爬得开心，哪座山都差不多。

无意识产生的报复心理

心理不健康的人只能接受一个成功的自己、被大家赞赏的自己、成为人群焦点的自己，如果做不到这些就无法心满意足。越是这么想，失败时受到的心理打击就会越大，一旦失败，通往幸福的道路仿佛就被阻断了。

他们无法产生“不成为比现在厉害的人其实也没关系”的想法，这也是执着于理想中的自己的表现。健康的心理则是，因为知道自己的能力上限，所以能选择和自己能力匹配的目标，并在达成目标时感到心满意足。

心理健康的人会因为做到了自己能够做到的事而感到满足，因为他们在这个过程中已经完全施展了自己所拥有的能力。

心理不健康的人则执着于成为某种人，否则无法感到满足。但是，现实中的自己却没有成为那种人的能力。或者，现实中自己的秉性并不会让自己朝那样的方向发展。但神经症患者却全然不顾这些现实的条件，强迫自己为不切实际的理想努力奋斗。

这样的人恐怕在成年后都会对小时候遭受的挫折耿耿于怀吧。想在那个时候嘲笑自己的人面前出一口恶气，想改变那个时候对自己感到失望的父母的心情，他们总会无意识地产生这类想法。至于原因则因人而异。有人大概是被初恋狠狠地伤害过，初恋对象因为遇到了比自己更优秀的人而变心，或者因为遇到了比自己更漂亮的人而移情别恋。有人因为父母看到自己成绩单时的叹息而感到受伤，有人因为父母嘲笑自己的胆小而感到受伤。总之，这些不同形式的伤害都会持续残留在他们的意识中，并无意识地影响着他们的行动。

身上存在着自己没有察觉到的东西

神经症患者由于一开始就有在别人面前“狠狠出一口恶气”的报复心理，所以总是做一些现实中的自己不可能实现的幻梦。为了实施报复而必须取得的成就，都是些对现实中的自己不切实际的期待。因为太过遥不可及，所以没有半点成功的可能。失败后，他们又会陷入烦恼。他们之所以会无视现实中的自己，是因为报复心理在无意识中先跨出了一步，引领他们走向了虚幻的梦想。

退一万步说，即使他们达成了目标，成功地出了一口恶气，也不过是一时卸下了身上的屈辱感。这样的成功不会对漫长的人生有太多的帮助。如果不及时处理自己的自卑情结的话，之后还是会遭殃的。

关于执着于理想中的自己，这里可以再举一例。

渡河的时候，有人会执着于选择渡河的地点。既然目的是要过到对岸，那当然是尽可能选择河流较窄的地方渡河了，但这个人却一定要选河流宽处渡河。在旁人看来，这不是蠢又是什么，然而这个人却在暗暗鄙视那些选择河流较窄的地方渡河的人。

心理不健康的人认为，如果不在河流宽处渡河的话，就不能获得幸福。这是因为他们产生了一种错觉：付出越多的努力，就一定会收获更多的幸福。

我们进一步设想，如果建议神经症的精英人物从河流较窄处过河，他一定会这么说吧："我才不要这种丧家犬一样的活法呢！"但事实却是，他必须蔑视选择从河流较窄处过河这种做法，将其斥为"丧家犬一样的活法"，否则就会活得不痛快。这是因为他的自卑感已经非常严重，这种自卑对他的生活造成了诸多的困扰。

世上存在着许多不蔑视别人就无法好好生活的人。卡伦·霍妮也曾经指出，神经症患者追求名声的外表下，很可能涌动着渴望报复式的胜利的暗流。强迫性地追名逐利的人，很可能拼命压抑着自己心里的屈辱感。

如果能把不安的心情和强迫性心理联系起来考虑的话，在自己强迫性地追名逐利的时候，就能够意识到自己身上正有什么自己没有察觉到的东西在作祟，就会反思自己为什么会如此渴望名声和金钱，就会猛然发现自己正走在一条通往不幸的道路上。

接受真实的自己吧

马斯洛[1]提出的自我实现的两个条件

轻度的心理创伤大概谁都能够坦率承认，但严重的心理创伤就不尽然了。而且，心理创伤越严重，拒绝承认的情况就越多。人们倾向于压抑这种失意的情感。失恋的时候怨恨、蔑视自己的恋爱对象，唯独不去直面自己受伤的心。嘴上说着“能和那样不好看的女人分开真是解脱了”，拒不承认失恋的苦闷。心理上依赖父母的人，则会无意识

1 马斯洛（Abraham H.Maslow,1908—1970），美国著名社会心理学家，第三代心理学的开创者，提出了融合精神分析心理学和行为主义心理学的人本主义心理学和马斯洛需求层次理论，代表作品有《动机和人格》《存在心理学探索》《人性能达到的境界》等。

地受到父母对自己的嘲笑的影响。

人会倾向于逃避幼年时、年轻时遭受的挫折和伤害，这种倾向造成了无法接受真实自我的局面。这种逃避最终对人来说是一种无益的消耗，它损害了人因正确接纳自我而获得的心理健康。

马斯洛做过关于自我实现的研究，他指出，能够完成自我实现的人有以下两个特征：第一，拥有亲密的朋友。第二，懂得“但是，没关系”这种思考方式。举个例子。某人想成为画家，可他没有画画的才能。他会这么想：“但是，没关系，天生我材必有用，我总能找到可以施展才华的地方。”

一味追求名声，则不能接纳自我

因为不满足于现状而努力的人，会认为感到满足是一种不好的状态。然而这种努力的动机经常带有报复心理，以复仇为动机的努力会把人引向孤独的境地。对自己的处境总是感到满足的人则相反，他们会选择适合自己的事业，为了实现自己的价值而努力。

强迫性地追名逐利的人，就像一个皮肤干燥、内衣破破烂烂、西服皱皱巴巴，想找一件开司米大衣披上的人一样。他寄希望于用一件大衣遮住自己身上难以示人的部分，让自己因为这件上好的开司米大衣而得到赞赏的目光。

但不管外面套上多么好的开司米大衣，皱西服、烂裤子上的跳蚤会让身体发痒，几天没有清洗过的身体会散发出异味，所以周围的人并没有如同预期一样被吸引过来。但这个人却不管体臭和脏污，一心想要寻找比开司米大衣还要名贵的貂皮大衣。这就是强迫性追求名声的心理。

这个人如果想真正变得快乐，首先应该好好泡个澡，换身新衣服，而不是换件什么貂皮大衣穿。但他却觉得，只要穿上貂皮大衣，所有问题就都能迎刃而解。

对于不同的人来说，貂皮大衣可以指代不同的东西。可以是孩子的成功，也可以是自己上了电视。

只要能为身边的人着想，即使没有这件“大衣”，也能被身边人接纳。强迫自己追求名声的人不懂得这个道理。

追逐名声就像将进了蛆虫的壶盖上盖子，神经症患者们认为只要得到名声就能解决所有问题。事实并非如此。所以，博得好名声却依旧不快乐的情况屡见不鲜。

开始盲目追逐名声，也就代表自己开始无法接纳真实的自己。骨干企业的社长、小商店的店主、无法走上大企业精英路线的普通上班族、地方报社编辑部的普通记者、想成为画家却因为才能不足而不能实现的人……一旦盲目追逐名声，大家就会忘记各自的真实身份，拒不接纳真实的自我。

神经症患者总对自己的现状感到不满，于是总觉得自己应该努力变得和现在的自己不一样，强迫性的努力正是从这里开始的。他们当中，有些人会因为无法接纳自己而变得无精打采，另有一些则变得乖僻。

神经症型的人一方面对自己的能力感到不满，另一方面又拒不承认自己的实际能力。他们相信自己的能力远不止于此，并热衷于制造这样的假象。他们极力给周围的人留下自己能力很强的印象，一旦周围的人没有积极地回应，他们就会心灰意冷。

心理健康的人会把能让自己满足的事和不需要投入太多精力的事区分开，他们的努力是为了自我实现，使自己感到满足。

想成为截然不同的人

自己就是自己，这是个再明显不过的事实。能否欣然接受这个事实，是区分神经症患者和心理健康的人的重要标准。因为报复心理而努力的人是神经症患者，相信自我的价值，并为实现这种价值而努力的是心理健康的人。

满足和马虎潦草是两回事，和无精打采也截然不同。感到满足的人会为进一步提升自己而努力，神经症患者却妄想成为一个截然不同的人。

那么，神经症患者为什么会想要抛弃旧我，成为一个截然不同的人呢？他们为什么无法接受一个真实的自己呢？那是因为，他们执着地认为如果不变成一个全新的自己的话，就得不到周围人的喜爱，就不会被周围的人接纳。

神经症患者认为，要想受到周围人的欢迎和喜爱，原来那个自己是肯定没戏的。所以，他们才想要脱胎换骨，成为一个截然不同的人。

神经症患者对理想的自己的执着，其实是对周围人看待自己方式的执着。想让周围的人用这种眼光看待自己，用这种方式和自己交往，这样的愿望是他们踏出改变一步的动机。因为他们觉得，原本的自己肯定得不到这样的待遇。

有这样一个女孩，听说自己认识的一个人上了广播节目，于是自己也想上广播节目。为什么会这样呢？因为她觉得，如果上了广播节目，周围的人就会按照她想要的方式对待她了。

这其实也就说明，这个女孩和周围的人并不能交心。如果她有能够交心的朋友的话，那么应该就会明白，即使不去上广播节目，自己依然会被当成重要的人对待。

她不能理解自己之所以被认为不重要，不是因为没去上广播节目，而是由自己对旁人毫不关心的性格导致的。她会忘记丈夫和孩子的生日，却不会忘掉自己的生日，这样的性格自然不受周围人们的喜爱。当她看到朋友出演广播节目，便认定自己之所以不如朋友受欢迎，是因为没去上广播节目。这完全是她的错觉。

心理健康的人，能力高也好低也罢，都会欣然接受一个真实的自己。我自己年轻的时候受过神经症的困扰，有一段时间总也不能对自己的能力感到满足，一心想着变成理想中的自己，迟迟无法接纳现实中的自己。我当时不明白，能力可以分为很多种。我们觉得自己没有能力，其实只不过是没有某一项能力。

为什么会情不自禁拿别人和自己对比

别用对立的态度看待事物

开车的方法，恰似人生的活法

在日本，人们时不时会听到“竞争会给孩子的心灵带来伤害，还是尽量避免竞争为好”。所以，取消运动会上胜者的奖品也好，让孩子们在考试里都合格也好，往往会被看作是反映人性关怀的做法。许多人主张回避竞争，这种竞争正是接下来要说明的神经症性质的竞争。他们提出回避竞争的主张时，其实完全忽略了“竞争”原本的含义。

那么，神经症性质竞争的特征是什么呢？

改换驾照的时候，会收到一本附带的小册子，上面写有这样的情况，有些司机如果发现前方有车，就会想都不想地超车；当后方有车提速超过自己时，又会加速想要反超对方。这样的竞争就是神经症性质的竞争。小册子提醒司机，这样的竞争只会带来危险，让司机感到疲劳。开车和人生的活法有不少共通之处。

我越读越觉得，小册子上写的诸多开车时的注意事项，对人生也极具参考价值。一个人如果能把开车时避免事故的态度用于生活的话，人生就不会出什么大的差错。

因为缺少自信、视野狭隘，所以剑拔弩张

卡伦·霍妮指出，神经症性质的竞争和普通的竞争存在三点不同。

第一，神经症患者经常把别人和自己对立起来。简单地说，他们经常和别人成剑拔弩张之势。

现实中明明没有多少利害关系，神经症患者的对抗意识却始终非常强烈。明明和别人没有发生实际的竞争，却总把自己和别人对立起来。如果现实中存在一定的利害关系，那么心理健康的人也会去竞争，但神经症性质的竞争却不需要这个前提。即使是受过高等教育的学者，也会对和自己并无实际竞争关系的文化人恶言相向。

那么，神经症患者为什么如此热衷竞争，甚至热衷到了心理健康的人无法理解的程度呢？这是因为，神经症患者自己也不知道自己的目的是什么。由于没有和周围的人交心，他们感受不到自己的价值，因此沉溺于竞争之中。

“神经症患者为什么如此在意别人呢？很重要的一个原因就是，他们缺少自信、视野狭窄，无法从自己的生活、自己的人生中发现价值。所以才想通过和他人比较的方式来证明自己。”

能不能认识到“别人是别人，自己是自己”

神经症患者经常因为身边的事和别人对立起来，这是因为他们的视野普遍狭隘。他们经常在意身边谁更睿智、谁更有魅力、谁更受欢迎之类的事。我留意到，最初被神经症患者列为竞争对象的大多是身边的人。自己付出努力却没有任何成绩时，神经症患者就会把责任转嫁到周围的人身上，挑他们的毛病、说他们的坏话，用这种做法来让自己的心情变好。

总之，他们十分在意别人的成功和失败，在意别人是结婚了还是离婚了。他们认为别人的成功一点都不精彩，因为那好像贬低了他们的价值似的。他们在思考问题时，总会不自觉地把自己和别人对立起来。

他们在意身边的人去了哪里旅行，在意邻居家的草坪，甚至在意邻居家的二楼正在发生什么。

我记起第一次开车横跨美洲大陆时，在美国的泳池看到的场景。我被老人笨拙的泳姿震住。而同一个泳池里，年轻人的姿势舒展帅气。但老人不以为意，因为他了解自己的能力，所以不会加入神经症性质的竞争，去和年轻人较量。

无视自己现在正在做的事情

卡伦·霍妮曾经把神经症性质的竞争比作赛马中骑手之间的竞争，这样的竞争会让事物失去它们原本的乐趣。

但在我看来,骑手们还算好,因为他们至少知道自己的目的。

的确,骑手在到达终点之前都全力地鞭打胯下的赛马,这无疑是一种神经症性质的竞争。加入神经症性质的竞争之中,并在社会上受挫的人,就像从全力奔跑的赛马马背上摔下来的人一样。骑手不明白自己为什么会从马背上掉下来,把自己摔倒的责任都归咎于赛马,他正是典型的神经症患者。拼命奔跑的赛马最终筋疲力尽,骑手也落马受伤,这样愚蠢的行为正是众多加入神经症性质竞争的人的真实写照。

人生真正重要的,是认清自己正在做的事,并思考下一步的行动。这些行动都指向最终想要实现的目标,这才是明智的生活方式。

热衷于神经症性质竞争的人去听音乐会的时候,比起听的是什么曲子,更在意坐在什么位置。参加婚宴的时候,比起向新婚夫妇送去祝福,更在意自己会被安排坐在哪个座位。这样神经症性质的竞争损毁了很多事情原本的乐趣。

能认识到人总有失败的时候

带来残酷结局的竞争关系

神经症患者不仅总以一副居高临下的姿态对待身边的人，还想让身边的人承认他们的地位，所以很容易激起别人的不满。为什么他们总想着要高人一等呢？因为他们在和别人相处时，一直采取一种压制别人的姿态。

一个和其他孩子都没办法交心的小朋友来到沙地玩耍，他一来就开始逞威风，不轻易让别人用他的铲子，只把铲子借给那些愿意迎合他的孩子。

这个孩子觉得自己交到了朋友，但只有他是这样认为的，别的孩子只不过是为了向他借铲子，才忍耐着做出迎合的姿态。所以，别的孩子并没把他当朋友。

这个孩子没有木头短棍儿，当他伸手向别人借用时，却没有人愿意借给他。他因此感到十分惊讶，并觉得自己被欺负了。

这个孩子明明有很多其他的工具，却偏偏特别在意自己没有的木头短棍儿。这样的孩子一旦发现周围有自己没有的东西，就会不安起来，因为他知道别人不会轻易借给他，于是，更加在意这些别人有自己却没有的东西。如果他的“同伴”被问道“他是一个怎么样的孩子”，“同伴”们一定会摇摇头，表示他们根本不了解这个孩子吧。

如果问这个逞威风的孩子“刚才怎么了”，他很可能会回答“被欺负了”；如果问其他的孩子同样的问题，他们也很可能回答“被欺负了”。也就是说，一起玩的大伙儿都不快乐。这种无法交心的关系导致双方都不需要彼此，最终落得一个大家都不好受的下场。神经症性质的竞争就是这样的一种关系。

原本意义上的竞争是必要的

换个角度想，对方可能也想在人际关系中占据主导地位，这样一来，即使自己想让对方承认自己的主导地位，对方也不可能配合。双方都想让对方承认自己的主导地位，却又都被干脆地拒绝，于是矛盾就不可避免地被激化了。

这样一来，自己会把大量注意力倾注到对方身上，在什么方面赢过对方了，在什么方面输给对方了，对方有没有轻视自己。这些琐碎的事情变成了极其重要的事情。于是，自我实现被丢到九霄云外，和对方的竞争关系变成了生活的重心所在。

现在这个时代，竞争的目的正在被曲解。想想以前孩子刚开始跑起来时的情景吧，有的孩子会在忘我的奔跑中大喊："我是最棒的！"

有的孩子会接受自己跑得慢的事实，但在算数方面却不服输。别的孩子则会这么想："那个孩子算数很好，但跑起来可没我快。"

对此感到不满的孩子则拼命想在竞争中胜出，这就是神经症性质的竞争。那些说竞争会给孩子造成心理上的伤害，所以应该取消竞争的人，其实大多是些成年的神经症患者。大人们净说些漂亮话，真正的目的却是抑制孩子们竞争的欲望。应该让孩子们加入到健康的竞争当中，让他们知道自己的名次，这样，孩子们自然就会认可这套竞争体制了。如果孩子们彼此之间都认同竞争这种方式，大人们却喊着要取消，孩子们的内心也会空落落的吧。

能认识到“胜败乃兵家常事”，就能重新出发

参加神经症性质竞争的人，很明显地不愿承认自己的失败。他们显然更关心在竞争中的输赢，而不关心自己经历的事会给人生带来怎样的影响。

举个例子。参加神经症性质竞争的人，在入错行时不会承认自己入错行了，因为他介意那些和自己一起找工作的朋友的存在。别人找到了好工作，自己却因为入错行而仕途不顺，这样的事实让他十分懊恼，不愿承认。这样一比较，他甚至开始讨厌起自己的朋友们。

承认入错行这件事是不容易的，即使没有意识到别人的存在，也要被后悔的情绪折磨上一段时日。但是只有那些能认清并承认失误的人，才能在往后的日子里找到对自己来说有意义的工作。

不仅找工作时如此，寻找人生伴侣时，神经症患者们也沉溺于竞争当中，不愿承认自己的失败。例如，他们会因为看到学生时代的朋友过着幸福的婚姻生活而感到懊恼，因为他们从上学时起就一直在比来比去。现在要他们承认自己因为失败的婚姻而陷入不幸，他们无论如何咽不下这口气。但是，只有承认自己失败的人，才能在以后的人生中邂逅到更好的爱情。

即使不和别人比较，承认一段失败的婚姻也会经历深深的绝望。但是，和婚姻失败却整天拿“结婚就是这么回事啊”这种理由为自己开脱的人不同，即便悔恨和绝望会纠缠上一段时间，承认失败的人最终能开启新的人生。

总而言之，参加神经症性质竞争的人拼命压抑“失败是难以避免”的想法，结果内心纠结苦闷，被不安折磨得心力交瘁。这样一来，他们无论什么时候都不会有成长、不会懂得表达爱意、不能享有快意的幸福人生。

参加神经症性质竞争的人一旦失败，就会像《伊索寓言》里的那只狐狸一样，吃不到葡萄便说“葡萄肯定是酸的”，用这样的解释来维持自己的体面。他们也因此失去了感动的能力。这种解释也许有助于缓解他们内心一时的恐惧，但空虚感也紧随其后而来。长此以往，他们将陷入比一般人更大的失落和更多的不安。

沉溺于神经症性质竞争里的人很想解释清楚内心的纠结，但这是不可能的。他们应该做的，是好好看清自己内心的真实想法，弄清楚自己为什么非要在人前摆各种架子不可。这比找一个生硬的解释重要得多。

其实，工作的不顺也好，婚姻的破裂也罢，都不过是人生的经历，而绝不是“失败人生”的象征。神经症患者们却擅自把两者等同起来。

别期待会出现只有你一个人做得到的事

梦想成为超人，成功将索然无味

我们接着分析卡伦·霍妮指出的神经症性质竞争的第二个特征。

被神经症性质竞争心理左右的人不仅想比别人成功、想在很多事情上都取得成功，而且还要求自己的成功是与众不同的、独一无二的，否则就无法心满意足。

画画就要达到伦勃朗那样的高度，写作就要取得莎士比亚那样的成就，游泳就要游出奥运会选手那样的成绩，演戏则要做到能和有名的女星同台的地步。如果做不到这些，他们就会非常失望，也就是说，他们要求自己成为超人一样的存在。

这样的想法让神经症患者梦想成为超人，急切地希望自己的价值赶快体现出来。一般的成功再也不能给他们自信，所以他们不断渴求更大的成功。卡伦·霍妮指出，这样的人感到失望的概率也一直是最高的，因为面对成功，他们已经无法乐在其中了。他们无法享受此刻的成功，因为前面还有“更大的成功”在等待着他们。

写了一本书，卖了五万册，但这么多人读了自己的书，神经症患者还是高兴不起来，因为他们想卖出去十万册。但是，即便真的卖出了十万册，他们又会因为卖不到二十万册而闷闷不乐。这样的人并不热爱自己正在做的事，也没有为自己而活。这就像明明是猫，却硬是要选择狗的活法，这样一来，他们当然做什么都无法让自己感到满意。

作为一名女性，既想当慈母贤妻，又想在单位干得风生水起。这样的人想长久地成为话题的中心，想感受周围的人关注的目光，只要不再是话题的中心，她们就会感到不安。

只要处在话题中心，就不会有被抛弃之虞。如果远离了话题中心，则可能被周围的人渐渐忽视，这让她们感到不安。所以她们不断摆出各种姿态，希望周围的人认可她们。但是，由于她们夸大了自己的重要性，所以反而起到相反的效果，招来周围人的厌烦。这令她们陷入更大的不安，于是更加夸张地证明自己的价值，陷入恶性循环之中。她们之所以夸大自己的价值，是因为周围的人没有用自己期待的方式对待自己。

她们就这样陷在恶性循环里无法自拔。但这里出现了反转，一旦有认可她们的人出现，她们反而会开始妄自菲薄。这是因为，她们本来对自己的价值就没有那么大的自信，所以一旦有人承认她们的价值，她们反而会想方设法地去否认。

他人的不幸比自己的成功更重要

卡伦·霍妮指出的神经症性质竞争的第三个特征是：在竞争中常伴有复仇的心理。

不能接受比自己长得好看的人，这是对他人的敌意在作祟。有着神经症性质野心的人，无法理解“助人亦是助己”的道理。

被神经症式野心驱使的人，尽管很想在和人交际时占据主导地位，但现实生活中，他们往往难以如愿。所以，对于他们来说，要占据主导地位，就只能靠把别人拉下马这一个方法了。这样的心态，正对应了前面提到过的一种情况：陷入烦恼时，他们往往觉得陷入烦恼的只有他们自己。

别人的失败比自己的成功更重要，比起让自己变得幸福，他们更想看到别人变得不幸。

今时今日，以他人的不幸为卖点的读物总能受到欢迎。从我的研究室毕业的一届学生组织过一个“加藤研究室媒体校友会”，我被请过去讲过一次话。当我在台上批判如今的新闻媒体时，一位当时任职于某周刊杂志的学生说道：“老师，不幸的故事卖得动啊。”听了这话，我感到非常震惊。我们以批判精神为名嫉妒别人。我们无法对别人的不幸打从心底感到同情。我们对别人吹毛求疵，甚至在他们遭遇不幸时，暗自松了一口气。

那么，当下人们这种对丑闻的超乎寻常的关心，应该作何解释好呢？也有一种人倾向于接受各种各样全盘批判性的意见。

参加神经症性质竞争的人，只能接受自己长得漂亮、自己获得成功、自己能力出众，而看不得别人半点好。这是因为他们对自己以外的人抱有敌意。

卡伦·霍妮举了这样一个例子：这样的人即使在困难的考试中合格了也不会开心，因为也有其他合格者。而他们希望的是，除了他们以外，其他人纷纷落榜，只有自己一个人合格。

也就是说，如果某人觉得某件事应该“只有”自己一个人能做到，那就可以推断他有神经症的倾向了。

即使身上的衣服自己很喜欢，但只要看到别人穿着和自己一样的衣服，就会觉得衣服掉价了。自己能否心满意足很大程度上取决于别人。“只有这一件，只卖给你一个人”对神经症患者来说有着巨大的吸引力，因此就会有商家打着这样的旗号兜售自己的商品，而神经症患者则乖乖掏出钱包高消费。“孤独的人最容易上商业主义的钩”，丹·凯利[1]这话真是一点没错。

被神经症式的野心驱使的人，只愿意自己长得好看，希望别人在自己面前相形见绌。但现实世界却并非如此，于是他们就觉得无趣了，不管自己获得多大的成功都觉得无趣。只有别人都失败了，唯独他们取得成功时，他们才会心满意足。

卡伦·霍妮指出，这就是对外部的敌意和憎恶，这就是神经症的特征。

---

1 丹·凯利（Dan Kiley,1942–1996），美国著名心理学家和临床心理治疗师，伊利诺伊大学心理学博士。他在自己作为心理医生的临床实践中发现，自己治疗的很多男孩子都面临着成长的困扰，拒绝长大和承担责任。他用英国著名剧作家、小说家詹姆斯·巴里的作品《彼得·潘》中的主人公为这种心理现象命名，出版了《彼得·潘综合征》一书，首次揭示了这一心理现象。

因成功而感到恐慌的人

“只有自己是特别的”的臆想

神经症有诸多特征，卡伦·霍妮指出，其中的一个重要特征是：某人认为“只有自己”是特别的一个。比如说，某人暗自认为“只有自己”才有无病无灾地度过一生的资格。

经常有内心烦闷的人说想和我聊聊。我明明写了那么多这方面的书，为什么他们还是要特地跑来找我聊呢？这是因为，书上没有写那些“只有他们自己”遇到的烦恼。他们觉得“只有自己”有这样的烦恼，当然要向我寻求“只有自己”能用上的解决方案。

“请你告诉我一个别人都不知道的解决方法吧”，说出这句话的同时，也就等于默认了这种只适用于他们身上的简便方法是“肯定存在”的。

记得是第三届日本精神卫生学会大会时的事吧，会议的主题是“填补内心空洞之物”，大概开了将近三个小时。会议结束后，有一位研究生径直走向我，提问道：“在您看来，能填补内心空洞的东西是什么？”

我感到非常惊讶，刚才大家不正就此话题讨论了很久吗，而且我也以与会者的身份发表了自己的看法。但和他聊了几句之后，我明白了。原来他认为，刚才大家讨论时提出的方法并不是只适用于他自己的特殊方法。他想从我这里得到的，是仅适用于他自己的特殊方法。

不时会有烦恼中的人半夜打电话给我，他们常以“非常抱歉，我知道您现在很忙”为开场白，但却绝不会挂断电话，因为他们觉得自己的烦恼是特殊的。我总提议道“要不先到你大学里的学生咨询室”，却总被他们一口回绝。

如果没有得到特别的对待，他们就会觉得受伤、感到愤怒。正常人不会在这一点上感到愤怒。如果拿提出神经症要求的人和正常要求的人比较的话，前者大概比较容易受伤。

彼得·潘觉得自己应该是唯一的受女孩子欢迎的人，这恰好是被害妄想症的反面——被爱妄想症。拥有强烈的神经症倾向的上班族总是以为部长只对自己一个人说了某些事，一旦发现别人也知道这些事，他们就会觉得自己被部长背叛了。

在无意识中，他们总认为自己受到了不公正的待遇，这就是为什么烦恼的人当中有相当一部分总是很愤慨。因为他们总认为只有自己能处于一个特殊的位置，居高临下地面对众人。

放到职场上也是如此，总有人觉得应该有一份活计轻松、报酬丰厚的美差摆到自己面前，否则便心存不满，没有工作的动力。

以上种种的倾向都是“只有自己”加烦恼不堪的心理的投射。也即是说，烦恼不堪的人拥有比较强的神经症倾向。

因为希望别人陷入不幸，只有自己能得到幸福，所以遭遇挫折时，自然会以为烦恼的只有自己。觉得“只有自己”烦恼不堪的人，通常对周围的人抱有敌意。他们之所以烦恼，很可能是因为神经症性质的野心没能实现。

把自己的不幸归咎于周围的人，恨意油然而生

不仅限于自卑感，陷入其他类型烦恼的人中也有认为只有自己一个人如此苦闷的，这既是以自我为中心的表现，也是对旁人没有关心的象征，更是自我意识过剩的结果。当自我意识过剩和执着于自我的情绪走向极端，人就可能会迷失自我。

一味地只注重自己的事情，久而久之就会对别人的事情毫不关心。这样的人只关注能从别人那里得到什么赞许，拿到什么好处。渐渐地，他们无法在人际交往中找到自己的位置。

认为“只有自己”陷入烦恼的人，通常有强烈的神经症倾向。“只有自己”陷入烦恼这种思考方式，是神经症性质的野心的象征之一。所谓神经症性质的野心，就是时

刻想处于优越的位置，在人前的优越感是他们最大的野心，至于想通过做什么事得到这种优越感，那是次要的。

认为“只有自己”陷入了不幸的人，不会去关心为什么同样的厄运没有降临到别人身上。他们笃定地认为是别人造成了自己的不幸。

“如果能有人向我伸出援手，我明明也能变得幸福”，陷入不幸的人这么想着。于是当现实中没有人鼓励他们时，他们就会怨恨并且无法信任周围的人。

对于他们来说，自己的不幸正是周围的人造成的。明明大家种的小树都没能开花，他们却认为只有自己的小树没有开花。

因为憎恨周围的人，他们也便没有了奋发向上的动力。憎恨固然是他们努力的一大动机，但那却难以被称作“奋发向上”。以憎恨为动机的努力，不过是带有复仇心理的努力罢了。这样的努力，只为了“自己一个人”得到幸福，而让旁人都陷入不幸。

认为“只有自己”不幸的人，恨不得周围的人通通陷入不幸。恐怕他们内心每天都要默念“大家伙都请陷入不幸吧”。

但是，如果拿着手枪的杀人犯来到大家中间，宣布道：“我要从这里最不幸的人开始杀起，觉得自己不幸的都把手举起来”，他们又会抢在所有人面前表明“我过得很幸福”。

总之，觉得“只有自己”陷入不幸的人，见不得别人过得很幸福。

神经症患者在与人竞争时，即使知道为同伴加油其实也对自己有利，但就是无法真心实意为同伴加油。和日本的情况不同，在美国，两个人在成为竞争对手之前，会不断地夸奖对方。只有到了成为对手时，才会摆出竞争的姿态。

神经症患者在与人竞争时，当然希望获得成功。但是他们同时又惧怕成功，因为他们既担心招来嫉妒，又对自己的能力没有自信。这样一来，剩下的方法就是拖别人后腿、阻止别人成功了。或者说，“阻止别人成功”成了他们最重要的工作。

神经症患者在竞争中既害怕失败，也害怕成功，这是为什么呢？因为他们不注重根基的构筑和维护，一心想要早日看到开花结果。所以，即使侥幸开出了花，结出了果，也因为根基不实，摇摇欲坠。他们没有自信，因为他们清楚自己的能力配不上成功。

有人会在某个时刻突然意识到自己是成功的，这样的人当然不惧怕成功。没有意识到自己的成功时，成功一点都不可怕。卡伦·霍妮指出，以报复心理为动机而努力奋斗，并清楚意识到自己的成功时刻时，是成功变得可怕的时刻。

健康的人不会反复念叨“我很健康”，只有在别人说“你看起来很有活力啊”的时候，才会意识到“啊，是这样啊，我很健康啊”。

不健康的人希望用金钱换回健康，他们花大价钱买保健饮品，以为喝下多瓶就能重获健康。但这样做了之后，他们又会因为消费了大量金钱而感到不安。由于自己是很勉强地换回了健康，而别人是轻松地过上健康生活，两相对比，真是一点意思也没有了。

区别真实的爱与虚假的爱

你是在追求爱，还是在追求安心

爱和执念经常被混为一谈

美国心理学家戴维·西伯里[1]说过：“人类至死都在烦恼的所有心事中，最放不下的大概要数爱的烦恼。”神经症患者的爱也常有烦恼相伴。那么，神经症患者的情感需求和正常的情感需求有什么不同呢？

首先，神经症性质的情感需求追求的是一种安心的感

1 戴维·西伯里（David Seabury,1885–1960），美国心理学家，著述丰富，其中包括：《生而快乐》（*Help Yourself to Happiness*）、《如何成功地焦虑》（*How to Worry Successfully*）、《贴近生活》（*Growing into Life*）和《保持智慧》（*Keep Your Wits*）等。

觉。神经症患者的不安状态决定了他们最看重的并不是对他人的爱，而是借由爱来缓解自己的不安。

美国心理学会咨询部门部长艾伯特·埃利斯[1]这样评价道："真正的'神经症患者'拥有过于强烈的被爱的欲望，却又没有想要去爱别人的心情。""有一个女人，遇到了能满足自己欲望的少年，于是她陷入了对少年的执念，决心倾注自己所有的爱意。"她之所以决心倾注自己的爱意，是因为他能满足她的要求和欲望。

著名心理学家、哈佛大学客座教授罗洛·梅[2]博士指出："爱和依存关系经常被混为一谈。"但要我说的话，爱和执念更是经常被当成一回事。而且，有神经症倾向的人更容易把两者混淆。

因为孩子的事感到烦恼的父母，未必会对孩子的成长

---

1 艾伯特·埃利斯（Albert Ellis,1913−2007），美国临床心理学家，在1955年发展了理性情绪行为疗法，也是1960年代美国性解放运动的先驱，参与开创了认知－行为疗法。

2 罗洛·梅(Rollo May,1909−1994),美国存在心理学家和人本主义心理学家，被称为"美国存在心理学之父"。

和自我实现有帮助，这也是同样的道理。

心理不健康的人错把强烈的执念当成热烈的爱。他们因为不安而执着，并错把这份执着看作热烈的爱。

被他们看作是热烈的爱的东西，其实是强烈的不安。他们以为在别人身上倾注了大量的爱，其实只是因为他们需要别人而已。

要求恋人像父母一样对待自己

心理上无法成长的彼得·潘型成年人，即“无法成年的成年人”，同样也会对人产生执念，其原因同样源于内心的不安。《彼得·潘综合征》的作者丹·凯利指出，这类人通常有一对暗地里彼此厌恶的父母。父母关系不好，孩子的内心就会被不安占据，因为没有可以依靠的对象。由于不能依靠父母，他们便会选择依靠恋人。

也就是说，当父母没有尽到父母的责任，孩子长大后就可能会要求恋人像父母一样对待自己。

男性神经症患者会要求自己的女友展现作为母亲的一面，也就是说，他们不仅想从女友身上得到保护、寻求安全感，还渴望经常得到赞赏和表扬。他们单方面地渴求女友的爱，心理上依赖对方。一旦失去对方，简直要活不下去。所以，在渴望赞赏的同时，他们也被恐惧包围。一旦没有得到赞赏，他们就会觉得害怕，并从恐惧中生出不满。

在这些幼稚的男人看来，恋人要尽到母亲的责任，因此，一旦没有感受到对方的爱就会心生不满。他们却丝毫没有考虑过自己是否付出了同等的爱。

这样心理上还未断奶的男性最好想想，如果和恋人互换身份，自己能不能把事情做到恋人那个分上。这样一来，他们大概就能理解恋人对自己的爱有多深了。

遗憾的是，这类男性不可能站在恋人的立场上替对方考虑。他们考虑的只有这一件事：自己应该被爱，而恋人应该无怨无悔地付出。自己和恋人的立场是截然不同的。

“神经症性质的爱成立的基本条件是，一对‘爱人’中的一方或双方对自己的父亲或母亲在心理上依依不舍，把小时候对父亲或母亲的期待或畏惧保留到成年时期，并把这些感情转嫁到自己的恋人身上。这样的人无法脱离幼儿时期与父母的相处模式，而把这种模式顺延到了成年后与他人的情感交流之中。”

男性神经症患者的这种“爱”对女性来说是不折不扣的麻烦事，因为这些男性擅自把父母的形象强加到了恋人身上。

如果他们很害怕自己的父母，即使明明没有害怕恋人的理由，他们还是会没来由地觉得恋人可怕。站在恋人的立场上看，自己明明待人温和，却还要被认为可怕，该是怎样的一种心情。

如果这些男性的母亲从小就一直责骂他的话，那么他就很可能觉得，现在的恋人也会以某些理由责骂自己。这些心理上远未成熟的男性，还会做出一些以前取悦过母亲的事来取悦恋人，并且相信恋人会高兴。这实在是大错特错。但正因为深陷在这种错觉之中，一旦恋人没有给自己好脸色看，他们就会对恋人心生不满。

过多的要求和被束缚的关系

这些幼稚的男性会时不时陷入“热恋”的状态，这是因为恋人给予了他们所要求的“保护和安全感”。他们正是因为觉得安心，所以才会对恋人表示赞赏。但这并不是爱，这只是单纯的执念而已。不过他们无论如何也不能理解这一点。

当然了，如果把男性和女性的立场互换，也有与之对应的情况出现。接下来是一位心理不健康的女性的例子。

“说到这个，我马上想起十几岁时交往过的一个女孩子。后来我才知道，她是一个非常自卑的人，所以她极其需要别人的关爱、赏识和肯定。一旦遇到能满足自己需求的人，她就会马上执着于那个人，并决定把自己的爱都倾注在那个人身上。”

有着神经症性质情感需求的人大多秉持着否定性的人生观，他们只记得某人之前“没有为我做过这件事”，却把那些别人为他们做过的事忘掉了。

“他们满脑子都是自己和自己的问题，所以既没有照顾别人的时间和精力，也没有照顾别人的意愿。他们屡屡陷入热恋，却经常像被执念控制了一般，把恋人当成自己的所有物。”

请再读一读最后一句话。他们通过将恋人占为己有来获得安心的感觉。因为不安而不肯离开恋人半步的人是不可能给对方自由的。不安的程度越严重，他们就越想限制恋人的自由。对于神经症患者来说，一个能给他们安心感的对象是必不可少的。但神经症患者们当初却错把这种渴望当成热情和爱意。

艾伯特·埃利斯继续写道：“如果没有恋人的爱，这些神经症患者们就会过不下去。但是，他们又不懂得体贴别人。他们用恋人来达成自身目的，这样，两人几乎就无法相互扶持着完成自我实现、得到成长、收获幸福。”

神经症患者为了解决内心的纠结几乎用尽了全力。一旦不能实现自己的愿望，他们就会陷入烦恼，一陷入烦恼，他们就会叫嚷道“我好痛苦啊”。

这样的人不会去关心恋人有什么愿望。快要溺死的人会有余力救别人吗？对于神经症患者来说，自己并不需要去关心恋人的个人实现。

“帮助我！夸奖我！赞扬我！为我做能给我带来利益的事！保护我！让我好评如潮！让我声名远扬！让我的人生一帆风顺！”

神经症患者们许下这些愿望，然后愿望慢慢变成了对别人的要求。

然后，一旦遇到能满足自己愿望的人，他们就会赞不绝口。

卡伦·霍妮指出：“在与人交往时无视现实是内心对他人抱有敌意的表现。”

无视孩子的现实条件而对孩子抱有过度期待的父母内心抱有敌意。过度干涉子女生活的父母也是如此。

不要追求无条件的爱

要求过多的人和自我牺牲的人

经常对恋人要求过多的神经症患者如果遇上另一个神经症患者，会变成怎样的一种局面呢？这种情况下，其中的某一方会做出自我牺牲。

卡伦·霍妮指出：“为了被喜欢、受欢迎，神经症患者可以牺牲自己的一切。”这句话一点儿没错。

如果为了被爱愿意牺牲一切的神经症患者和不断提出要求的神经症患者相遇了，会发生什么呢？打个比方，就像两块刚好可以拼合的拼图一样，简直再合适不过了。

我们把主动型、支配型的神经症患者称作“凸型神经症患者”，把被动型、从属型的神经症患者称作“凹型神经症患者”。

为了被爱愿意牺牲一切的凹型神经症患者，一旦认为自己离不开对方，便会为了讨对方喜欢而掩盖自己真正的愿望，主动克制自己的欲望。明明不想和朋友出去旅行，但如果对方邀请自己的话，为了讨对方喜欢，就会接受一起旅行的邀请。明明不想买某件东西，但如果是对方提议的话，就会违背自己的心意，乖乖掏出钱包。

他们不是因为情感需求而配合对方，他们之所以如此配合，是因为害怕被对方讨厌，被对方抛弃。这种压抑自己的做法，最终会导致对对方的憎恶。

于是他们继续压抑这种憎恶的情绪，这种做法导致了神经症患者人际交往中的压抑氛围。和亲近的人相处时，更是可能导致种种不愉快的发生。

不仅如此，凹型神经症患者还不时地想要看到自己被喜欢着、被爱着的证据。

虽说神经症患者分为凸型和凹型两类，但多数神经症患者会在不同的场合变成不同类型的神经症患者。比如，在孩子面前是凸型，在公司的同事面前却变成了凹型。

向两只猫发出投食的信号，然后把猫食放在一只食盆里。这样一来，两只猫里会有一只占先，占先的这只猫无视另一只猫的存在，把食物吃得精光。另一只猫则承认了自己从属于对方的事实，不再努力得到食物。即使屡次向它发出投食的信号，它也只是舔舔自己的爪子，或者看向一边。

同样的，人也有压抑型人格和非压抑型人格之分。根据类型的不同，就会演变出凸型神经症患者和凹型神经症患者。

“从没听到过别人对自己大喊‘再更多更多地爱我，真正地去爱我’的人是非常幸运的”，“被‘真的想要被爱，真的想要爱人’的执念驱使，不禁说出‘我无论如何都想要被爱，无论如何都想要爱你’。这和那些沉溺在恋爱中的家伙的傻话完全不是一回事。”作家椎名麟三[1]提到的，正是

1 椎名麟三（1911–1973），日本战后存在主义派小说家，代表作《深夜的酒宴》等。

神经症患者会说的话。

爱无能的人，反而会对恋人大喊："我爱你爱得要死！"

"人既不可能真正爱上别人，也不可能真正为别人所爱。"椎名麟三这句话描述的正是神经症患者的世界。

神经症患者只愿意自己被爱、只想吃独食、只想自己被疼惜、只想自己占有某样东西。

神经症患者会说出"请只喜欢上我一个人吧"这样的话。说出这句话的同时，他们已经在拿自己和别人做对比了。也就是说，他们要求对方喜欢自己多过喜欢其他任何人，所以他们不会允许对方对除自己外的其他人表示关心。

因为不信任对方，所以才会要求无条件的爱

神经症患者要求的是无条件的爱。那么，无条件的爱是什么样的一种爱呢？卡伦·霍妮指出，这样的爱包含了以下几个条件。

首先，无论自己的态度如何，都能够被爱。

第二，如果对方对自己的爱含有某种期许或报偿，神经症患者就不能满意。神经症患者不愿意看到对方通过爱自己这个行为取得某种回报或好处，否则就会怀疑这种爱的真实性。

神经症患者如果是真的喜欢对方的话，就不会有这种想法了。如果真的喜欢对方的话，是会希望有好事发生在对方身上。也就是说，神经症患者其实并不喜欢对方，甚至是讨厌对方，所以才不愿意看到对方得到好处。

第三，即使对方并没有在这份爱中得到任何满足，也不能停止对自己的爱。否则，神经症患者便会心怀不满。“你就是我的幸福”这样的话也不能让他们满足。对方明明很是苦闷，但只要停止对自己的爱，神经症患者就会从此不信任对方。

第四，会因为对方的自我牺牲而感到满足。

神经症患者会说“你别吃点心了，都给我吧”，这就是神经症性质的对爱的要求。

为什么神经症患者会要求对方做出牺牲呢？那是因为他们打从心底里认为自己其实并不值得被爱。因此，看到对方做出牺牲的时候，他们就仿佛感觉到了自己的价值。

神经症患者不愿为对方做出半点牺牲，只顾着看对方是否愿意为自己做出牺牲。即便如此，他们也感受不到真正的爱，所以才会大喊“再加倍地爱我，真正地爱我吧”。自我实现型的人愿意为对方做出一定的牺牲，并且乐在其中，而这对于神经症患者来说是不可能的。

自我实现型的人以积极的心态感受爱，神经症患者却以消极的心态感受爱。

神经症患者会从对方想念自己，并独自忍耐思念之苦的状态中感受到情感的交流，他们会觉得自己确实被爱着。患有神经症的父亲看着孩子忍耐着不缠着自己买东西的样子时，会感到满足。

但是，这样的父亲并不是因为孩子积极地为自己做了某事而感受到爱的。在他们看来，孩子是“为了父亲”才压抑了内心的渴望，这使他们感到满足。

神经症患者并不会因为恋人积极地为自己做了某件事而感受到对方的爱，他们往往只能从对方默默忍受的状态中感觉到爱。神经症患者无法从有建设性的言行中感受到爱的存在。

举个例子。有一位神经症患者决心成为政治家，但他们无法从恋人积极帮助自己圆梦的行为中感觉到爱。恋人这种有建设性的做法不能让他感受到自己是被爱着的。

但是，如果恋人能在这个需要耗费大量金钱的圆梦过程中甘于贫穷的话，神经症患者就会感受到来自恋人的爱，觉得满足。

回头看看卡伦·霍妮举出的四个要求，会发现它们都是猜疑心重的表现。看着这些爱的条件，我们马上可以得到神经症患者不信任同伴的印象。或者可以说，神经症患者本质上是讨厌别人的，他们生活在令他们感到厌恶的人际关系之中。

即便如此，他们还是大喊着“请一定要爱我啊”，这是因为他们不信任自己，也不相信自己的价值。之所以会这样，是因为他们总是希望从自己并不喜欢的人那里感受到爱。正常情况下，应该是自己朝着真正喜欢的人的方向踏出一步，而不是喜欢上夸奖自己、称赞自己的人。

没有牺牲，就感受不到爱

正如卡伦·霍妮所指出的，他们被爱的渴望之中暗藏着敌意。

神经症患者把成长过程中沾染上的憎恶感表达到了追求爱的过程中，所以他们才会在对方因为自己经受痛苦时感受到来自对方的爱。

心理健康的人无法理解神经症患者的这种想法，所以在向神经症患者表达爱的时候，往往会陷入绝望的情绪。因为即使自己的爱再热烈、再深刻，神经症患者也不为所动。神经症患者只能从他人的牺牲中感受到自己是被爱着的。

著名心理学家约翰·鲍尔比[1]曾观察过失去母亲保护的孩子，并提出了“亲子功能互换”的说法。通常来说，亲子间的情感需求是由孩子发起，寻求父母的回应。“亲子功能互换”的情况却与之相反，即情感需求由父母一方发起，寻求孩子的回应。但在“亲子功能互换”的情况下，多数时候父母对孩子提出的是神经症特质的情感需求，这正是“亲子功能互换”令人担忧的地方。

提出“亲子功能互换”的约翰·鲍尔比好像也没有意识到，这种情况不仅仅意味着父母向孩子“撒娇”，寻求孩子的回应。

“亲子功能互换”中隐藏着来自父母的敌意。因此，看到孩子为了家庭和父母而忍耐、受苦的时候，父母就会觉得满足。孩子痛苦的表现在他们眼里就是在尽孝心，这其实已经是一种施虐的心理了。

---

1 约翰·鲍尔比（John Bowlby,1907—1990），英国发展心理学家，从事精神疾病研究及精神分析的工作，最著名的成果为他在1950年代提出的依附理论（attachment theory）。鲍尔比最著名和持久的研究，是为初生婴儿与他的照料者的依附模式寻求理论。

孩子为了父母拼命工作，最终病倒，父母却会因为有一个“孝顺的孩子”而感到满足。孩子兴高采烈地帮自己做事时，父母反而不觉得这是个孝顺的孩子。这样一来，神经症父母也就感受不到来自孩子的爱。

孩子克制住玩心，拒绝伙伴的邀请，留在家帮父母做事时，神经症父母就会觉得满足。他们从孩子忍耐的表现里体会到了孩子的孝心。

孩子为了父母而忍受着痛苦时，神经症父母会觉得心满意足。看到为了和自己在一起而甘于贫穷的恋人的身影，神经症患者们的心就充盈着喜悦。

无论为帮助自己付出了多大的努力，只要恋人不觉得辛苦，神经症患者就感受不到爱。只要恋人不觉得辛苦，神经症患者就无法心满意足。

恋人开心地帮助自己时，神经症患者的头脑中也会有“这就是爱啊”的念头吧。他们之所以无法感受到爱，是因为敌意已经侵蚀了他们的心灵。

长年间积累的憎恶感堆积在神经症患者们的心底，并最终成为他们的一部分。而不断追求爱的，正是他们体内这种憎恶型人格。

快注意到心理的憎恶和敌意吧

被虚假的爱的宣言治愈的人

我曾经听人这么评论道："神经症患者不相信别人会真心祝愿自己得到幸福。"确实，这有可能发生在程度严重的神经症患者身上。

对于程度较轻的神经症患者来说，这句话似乎也有些道理。轻度神经症患者能够理解自己是被爱着的，理智上也相信来自对方的爱。但是心理健康的人表达爱意的方式，他们却无论如何也无法感同身受。

为什么会这样呢？因为心理健康的人在为自己爱的人

付出时始终是快乐的。

神经症患者在为对方付出时，即使内心感到快乐，也会把这种快乐隐藏起来。因为这种快乐对消除他们内心的憎恶感没有帮助。神经症患者会借着“我都这么辛苦了”的想法来抒发隐藏在自己内心的憎恶感。

因此神经症患者总是期望获得回报，他们不相信对方其实不希望自己这么辛苦劳累。因为心里隐藏着敌意，所以他们无法把自己的幸福也视为对方的幸福。

所以，神经症患者才会经常被那些虚假的甜言蜜语所欺骗。

刚才说过，“我都这么辛苦了”是潜藏在内心的敌意的表现。当他们这样向旁人诉说自己的辛苦付出时，别有用心的人就会唯唯诺诺地说一些“是啊，真不容易啊”之类的话，神经症患者的心灵创伤会得到治愈，内心的憎恶感也会得到抚慰。

接着，这些别有用心的人就会试图在神经症患者身上捞取好处，他们的关系就这样循环往复地继续下去。因为抱有敌意，所以神经症患者便很难被真心的、真诚的爱所治愈。对于他们来说，最重要的永远是如何舒缓一颗受伤的心里潜藏的憎恶感。

心理健康的人大多是在充满关爱的环境中长大的，所以他们难以理解憎恶型人格。心理健康的人会在付出这一行为中得到满足，但神经症患者只会因为对方的苦闷而感到满足。对于神经症患者来说，心里感到满足和憎恶感得到舒缓、心灵得到治愈是一个意思，这和心理健康的人的满足完全不同。

长年被心里的憎恶感所支配，只顾忍人不能忍之难，受人不能受之苦的就是神经症患者。心理健康的人那种为别人做了某件事后获得的满足感，与他们这种人是无缘的。

放大憎恶的装置

神经症患者并不是因为爱着对方才无法离开对方。他们是因为寂寞，所以无法离开对方，他们需要对方的爱。

但是，神经症患者却无法得到他们渴求的那种非现实的爱，于是憎恶感渐渐增强。但即使在憎恶的情绪中，他们也依旧无法离开对方。

如果大家都陷入不幸，神经症患者的心就能得到治愈。心理健康的人则希望大家都能得到幸福。神经症患者通过折磨对方获得幸福，心理健康的人则在为对方付出的过程中得到幸福。这些不同都取决于心中是否存在憎恶感。

我认识这样一位父亲，每当看到为整个家庭做出牺牲的小儿子苦闷的样子，就会感到心满意足。在我看来，这位父亲明显就是这样想的。

小儿子会抱怨道“凭什么只有我一个人要忍受这些事啊”，看着好欺负的小儿子为家里其他人做出牺牲的样子，这位父亲的心里就会非常好受。当然了，这位父亲自己并没有意识到这一点。神经症患者没有意识到自己的心底潜藏着敌意与憎恶。

把自己对小儿子的欺压冠上“为了家人”的美名，对爱的要求就可以毫无节制。最后，小儿子因“为了家人”

这样冠冕堂皇的理由沦为牺牲品，而父亲却对此感到十分满足。他以“为了家庭”的名义不断命令小儿子工作，并全数掠取工作的成果。

为什么神经症患者会追求这样不切实际的爱呢？这其中的原因果然还是之前提到过的，他们对其他人的不信任。

想要主动给予的心理

要求回报的爱

卡伦·霍妮总结了神经症患者为求得到爱而使用的四个方法。第一，神经症患者会通过贿赂来得到爱。

在一片沉默中，一个人忽然说："这是我专门为你做的点心，很好吃哦，快吃吧。为了做这个，我可是起了个大早啊。"

他之所以这么说，是为了赢得对方的心，继而要求回报。这就是贿赂。如果对方没有被感动的话，他就会怨恨对方。

无论为对方做了什么，神经症患者都会带着要求回报的心理向对方索取爱。为什么他们追求爱的方式会是这样的呢?

神经症患者如果只是和别人待在一起的话，是不会觉得快乐的，他们便认为对方一定也是这么想的。神经症患者不相信自己的“存在”对对方来说就是有意义的。

如果自己喜欢上什么人的话，多多少少都能理解心理健康的人的想法吧。但神经症患者却理解不了别人的爱，这是因为他们从心底里讨厌别人。

神经症患者们表面上对他人的关心，其实是内心向对方寻求情感回报的表现。有一种说法叫作“执着于自我的关心”，这就是神经症性质情感需求的一种。

支配型人格的母亲的爱也是如此。这样患有神经症的母亲对孩子的爱实质上并不是爱，而是希望从孩子那里得到爱的一种手段。供养型人格的女性的爱也是如此，她们用供养对方的手段把对方牢牢抓在自己的手心。

这种思路可以总结为“我为你做了这么多，你为我做了什么呢？”，通过强调自己的付出，神经症患者们把对方束缚起来。

所以两人的关系渐渐演变成了“我都为你做了这么多了，你为我做一件这种程度的小事应该没问题的吧”，但是神经症患者却渐渐无法得到对方的爱，所以他们开始怨恨对方。

那些为别人付出太多的人要注意了。在一段关系里付出过多的人，往往暗自期待着来自对方的回报，如果对方没有回报或回报不让自己满意，他们就会怨恨起对方来。

乐于接受别人殷勤的人，看到别人为自己做了那么多事，就会心情大好，渐渐依恋对方。接着就会对对方赞不绝口。但之后问题会接二连三地出现。按照女性的说法就是“我现在的心情可都是拜你所赐，所以你要负起责任啊”。

留下手账的咨询者们

神经症患者们常常在前往咨询时为对方留下点什么东

西。我之前提到过，到我这里咨询的神经症患者中，经常有把自己的手账留下的。和某位著名精神分析学者说起这件事，他说：“我也对此感到苦恼啊。”果然是有人喜欢强行把手账留在别人那里。就算我当面说了很多次“你就这样把手账放在这，我也很为难啊”也无济于事，手账还是执着地出现在我那里。我也曾经以请求的口吻说过“请答应我一件事就好，不要再把手账放到我这里了”，然而他们就是不听。这就像我一边逃跑，他们一边追过来把手账塞到我手上一样。即便没有追过来，手账还是会执着地出现在研究室的信箱里。

留下手账后，大家也都留下相同的一句话：“这本手账的重要性仅次于我的性命。”

仔细想想，其实这是神经症性质情感需求的一种表现吧。他们的想法是：我把就像我命根子一样的手账放在了你那里，所以你也应该为我做点什么。

如果手账被弄丢了，那麻烦可就大了。恐怕他们会一直纠缠不休吧。法律无法实际地保护那些被纠缠的人。我自己也亲身经历过几次这样的事，甚至就如何应对咨询过律师的意见。

从法律的角度上看，我这一方并没有任何过错。但是现实之中，失去了手账的神经症患者会不断前来纠缠，严重影响了我的正常生活。

神经症患者们自己无法理解，把手账放到素不相识的人那里会给别人添多大的麻烦。这就是典型的以自我为中心的表现。

而且，在给别人添麻烦的同时，他们却反而认为是为别人做了件重要的事。这种神经症性质的情感需求很大程度上是建立在自我中心主义之上的。

他们不觉得没有人会想要去看不认识的人的手账。就算擅自放下手账，并宣称是自己命根子一样的东西，与他们素不相识的普通市民只会觉得这个行为非常诡异，教人怀疑，当然就不会想要代为保管。但他们却怎么也不能理解这一点。

大概谁都能想象，一旦手账被弄丢，神经症患者们会引起多大的骚动，但是又拿不准他们什么时候会来取回手账。说起来，如果代为保管的东西是钱的话，还会轻松许多。可如果手账不见了，那么只要他们的神经症没有被治好，就会一辈子都缠着我。我和他们的一生有可能就在这样的纠缠中被耗费殆尽，最后双方都一事无成。

即使未达到神经症的程度，心理不健康的人也容易有把东西寄放在别人那里的倾向。除了手账，日记出现的频率也比较高。

我曾接待过这样一位女士，一个不过和她见过两次面的人猛地把自己的日记塞到她手里，说道“这个就先放在你那里了，请读一读吧。”她感到诧异，所以找我咨询。递给她这本日记的人非但不是无业游民，在社会上还颇受尊敬。所以她一下子无法就这个人的行为做出合理解释。

这位感到诧异的女士没有理解的一点是，社会地位和心理健康之间并没有必然的因果关系。所以她才会无法理解为什么一个“正经人”会有如此异常的行为，因此才感到困惑，心生不快。

把日记塞到别人手里要求代为保存，当然是神经症患者的所作所为。他很有可能对这位女士一见钟情，所以把自己的日记当作“贿赂”，这是典型的神经症性质情感需求。

其实对于这个人来说，所谓的“一见钟情”本身即是心理不健康的一大证据。不过，他纠缠上的至少是在聚会上有过一面之缘的人，而不像刚才提到的一些人那样把日记硬塞到素不相识的人手里。所以他这一类人和前文提到的那类神经症患者有些微的差别。

神经症患者的思路通常是：我都为你做了这些事了，你肯定会给我与之匹配的爱吧，要求你也为我做同等程度的事是理所当然的吧。他们把爱当作自己应该享有的权利。

童年时期的情感需求没有得到满足

为什么在优越的环境里也不能得到满足

有一位企业家穷尽一生来获取财富，却几乎每天都在不满中度过，最后怀着对旁人的厌恶死去。他晚年住在宽敞舒适的豪宅里，依然无法摆脱不满的情绪。因为对于他来说，住在宽敞舒适的豪宅里并不是最终目标。他的目标是用这套宽敞舒适的豪宅引得他人的称羡。

他之所以不满，是因为没有得到期待中的羡慕和赞赏。他的头脑中并没有“我想过这样的生活”的想法，而全被“如果我过的是这样的生活，别人就会羡慕我”的想法占据。所以，无论环境多么优越，只要没能得到赞赏和羡慕，他的一天就会在不满中度过。

他没有自己的人生目标，而只想得到别人的奉承。所以即使住在宽阔的豪宅，邀请很多人来家里做客，他依然高兴不起来，因为受邀前来的客人对豪宅的羡慕和赞赏并不符合他的预期。

如果他的最终目标是“我要过这种豪奢的生活”，并为之努力奋斗，他的晚年生活应该会相当幸福吧。因为他实现了之前定下的目标。但他的目标是得到旁人的赞赏，这是一种孩童式的情感需求。所以即使同样过的是豪奢的生活，只要这种需求没有被满足，他就会心存不满。失去目标的人不会再对生活抱有热情。

如果他能有“我想住在这样的房子里，浴室要这样设计，天花板上要开一扇这样的窗，厨房要设计成这么大”的想法，并且付诸行动，一一实现的话，他应该会过得很幸福吧。可是他选择了完全不同的活法。

他又拿出更多的钱招待邀请来的那些客人，希望得到众人的感谢。但客人们的感谢也没有达到他的期待，于是他又开始对客人们感到不满。

拿放筷子时，都希望得到别人的关注

也就是说，他对周围的人提出的是神经症性质的情感需求。这种情感需求表现为：因为我为你做了这些事，所以你也应当帮我完成那些事。他们对周围的人的种种“付出”，正是卡伦·霍妮所说的“贿赂”。

他其实从心底里怨恨着周围的人，但因为想得到周围人的感谢，又不可能直截了当地把这种怨恨表达出来。于是，一直把这份怨恨隐藏在内心。

总归会有这样一种人：无论生活条件多么优越，却总是感到无法满足。这是因为对人来说最重要的感情交流来自童年。童年时期的情感需求得到满足，对于一个人往后的人生来说至关重要。正是因为童年时期的情感需求没有得到满足，所以人才会努力满足自己的这种需求。说回刚才的例子，他努力的结果是得到了外表上的成功，但他心里追求的却是童年没有得到满足的情感需求。所以无论条件多么优越，他都无法打心底里感到满足。

一定会有人想这样训斥他："你的生活都这么好了，还有什么不满意的？"我再说明一遍，他之所以不满意，首先是因为他孩童式的情感需求没有得到满足。不管居住条件多么优越，这种孩童式情感需求的满足对人来说都是极为重要的。波兰哲学家塔塔科维兹的书中有这样一句话："其实，只要有变得幸福的能力就行了。"确实，即使环境再怎么优越，人也不会因此变得幸福。如果情感需求没有得到满足，那么再优越的环境也会失去意义。这种来自童年时期的孩童式情感需求，长大后慢慢演变成了神经症性质的情感需求。

即使是在对方拿放筷子时，神经症患者都希望从中感受到对方的关注和赞赏。如果没有从对方说话的语气、走路的姿态、转身的方式中感觉到对方对自己的关注的话，神经症患者就会对对方心存不满。

在电台的咨询类节目中，曾经有位家庭主妇打进电话说"我的丈夫吃饭时会突然发起火来"，她不明白为什么前一秒还好端端的丈夫会突然发怒。这位丈夫，即便妻子不清楚原因，依旧有充分的理由发怒。

这位患有神经症的丈夫，希望从每一个家人拿放筷子的动作中，感受到他们对自己的关心和注意。一旦没有感受到他想要的关心和注意，就会心存不满、大发雷霆。

顺带一提，“神经症患者”在上文的有些表述中可能并不百分之百符合它的含义。它所指的也可能是有强烈压抑自我感情的倾向，因为怀有不安和憎恶而不能自我实现的人。严格上说，这样的人还未达到神经症患者的程度。

为了得到爱而采取的四种行动

“为你做点什么”式的贿赂

人的不满大多是在期待落空时产生的。神经症性质的情感期待落空时，神经症患者就会怨恨对方。生活看起来再怎么好，这种怨恨都不会消失。

神经症患者会想着为对方做点什么，特别是自我消灭型人格神经症患者，更是时时刻刻都在考虑为对方做些什么事。

神经症患者们并不讨厌自己做的事本身，但他们只是借做这些事寻求对方的回报。所以他们既不会在做这些事时感到高兴，也并不是真心想做这些事。做完这些事之后就能得到对方的感谢、尊敬、赞赏等种种形式的回报，这才是他们早已打好的算盘。

按照卡伦·霍妮的说法，神经症患者为对方做的事相当于一种“贿赂”，怨恨则是在贿赂没有起到应有的作用时产生的。

当不能得到自己想要的东西时，神经症患者就会心存不满，进而怨恨对方。无论是谁，如果支付了一万元，却没有得到同等价值的商品时都会感到愤怒。如果不能向店家抗议的话，就会更加怨恨这间店了。

前几天我在报纸上读到一则新闻，说的是一对父母为了能让孩子进医学部而托人走后门，付了钱后孩子却没能被录取，便愤而把收钱的人告上法庭。

无论是谁，上当受骗的时候心里都会怨恨骗子吧。这种怨恨的感情正是神经症患者的日常，所以神经症患者总是怨恨着什么人。神经症患者的报复心理，就是这种神经症性质的情感需求遭到背叛而引发的结果。

怨恨的强烈程度和神经症性质的情感需求的强度大致上是成正比的。

倾诉自己烦恼的人

关于第一种行动，以上已经说得够多了。神经症患者为满足情感需求而采取的第二种行动是寻求同情和怜悯。

有人会随意地把自己定义为“不幸的人”，打电话到电台栏目里就人生问题进行咨询的人中就有不少是这种类型的人。这样的人希望通过倾诉自己的苦恼和不幸来打动别人，也就是说，倾诉自己的苦恼和不幸在他们那里是换取他人同情的手段。

有些人只要一有机会就把自己放到受害者的立场上，或者经常从受害者的角度发言，然后期待着来自周围人的关爱。

有些丈夫回家时会抱怨“好累啊，真的快累死了”，随后又会加上“公司就这么连轴转个没完”“男人真是不容易啊”这类的话，这都是神经症性质情感需求的表现。

诉说自己的苦恼就等于是在期待更多的爱。

有女生会通过哭来引起男生的注意。这样以诉说自己的不幸开场的恋爱关系一旦遭遇挫折，就会萌生敌意。为了得到对方的爱，便说出“我是不幸的”这样的话，以这样的话作为开场白的恋爱一旦发生纠葛，就容易变得不可收拾。电台的咨询类节目里用阴沉的声音打进电话的人，大概也都对周围的人事怀有相当程度的憎恶。

以诉说不幸开场的恋爱常常暗藏着敌意，一旦失恋，对彼此的感情就会转化成憎恶。这种憎恶感难以消除，久而久之就会让人的性格变得怨气十足。

为了引得对方的同情而诉说自己的不幸，并由此开始一段恋爱的话，最后大多会落得一个难以收拾的下场。卡伦·霍妮指出，倾诉自己不幸的行为本身就包含着敌意。从和众多咨询者的谈话中，我也能得到同样的结论。

一旦沉醉于恋情之中，就会看不见隐藏在对方身上的敌意。但是敌意是隐藏在人格的核心部分的，总有一天会表现出来。这一天的到来也就昭示着悲剧的降临。

诉诸正义，诉诸死亡

神经症患者为满足情感需求所采取的第三种行动是诉诸正义。

神经症患者大多比较懦弱，所以如果不为自己的情感找到一个合适的理由的话，就难以表现出来。这里的正义指的主要是神经症患者在表达愤怒时所使用的理由。他们表达愤怒时，往往会高举正义的大旗。

这种情况常发生在母亲和孩子之间。

神经症患者看到对方的行动和自己所期待的不同时，就会批判对方，称对方为利己主义者。为对方扣上利己主义者的帽子再加以批判，自己就成了正义的一方。

神经症患者为满足情感需求所采取的第四种行动是“以死相逼”，即经常说一些“我好不甘心啊”“我要去死”之类的话。

心理健康的人为了得到别人的爱，会做各种各样的努力，如果这些努力没能取得回报，也会心甘情愿地放弃。

但是神经症患者就会吵吵闹闹，甚至以死相逼。卡伦·霍妮指出，以死相逼是一种颇为流行的胁迫方式。

无论如何，潜藏在神经症患者心里的是不安和憎恶两种情感。他们无意识中被不安和憎恶占据，意识里却认为自己有爱和被爱的能力，是代表正义的一方。

如果和神经症患者谈恋爱，一定要记得感谢他们的不杀之恩。

不了解神经症的人，不会明白人的可怖之处。

为了不陷入孤立的境地

你需要这样做

满足于自己能做的事情

不能只认死理，而要用心感受

“自己就是自己，不能变成别人”，能不能接受这个再明显不过的事实，是区别神经症患者和心理健康人士的一个重要标准。心理健康的人会认为“自己就是自己”，不只是从客观事实上，而是打从心底里接受这一点的时候，人的心理就是健康的。从脑科学的角度分析，不只是代表理性一面的左脑，代表感性一面的右脑也接受了“自己就是自己”这个事实时，人的心理就是健康的。

美国广播公司曾做过一期脑科学新闻的特辑，里面有一则这样的报道：草原上有一只老虎和一个大玻璃箱子，有一个人被困在玻璃箱中。老虎无法撞碎玻璃箱攻击箱子里的人，但是老虎撞击玻璃箱的时候，箱子里的人还是会因为受惊而躲到一旁。

这是因为人类大脑新皮质里的前额叶皮质部位虽然会做出“安全”的判断，但大脑边缘系统的杏仁体却让人做出了受惊的反应。无论大脑多么清楚自己是“安全”的，身体还是诚实地逃向一边。虽然理性上接受了“安全”的判断，但感性上还是会感到恐惧。

也就是说，当负责理性的大脑新皮质部分和负责感性的大脑边缘系统部分一同认可“自己就是自己”这个事实时，人的心理就是健康的。

在幸福感这一点上，人的右脑比左脑起的作用更大，大脑边缘系统比大脑新皮质起的作用更大。所以人是无法只凭理性得到幸福的。满口大道理，脸上却丝毫看不出满足的人要多少有多少。

是“只能做成这些事”，还是“竟然能做成这些事”

心理健康的人会满足于做到自己能做到的事。不，应该说心理健康的人会主动地“想要”做自己能够做到的事。而神经症患者则“想要”做那些以自己的能力做不到的事。

所以，即使两者同时做成了一件事，神经症患者会因为“只能做成这些事”而感到不满，心理健康的人则会认为“以自己的能力也就差不多能做到这些事了”，或者“竟然能做成这些事啊”而感到心满意足。在神经症患者眼里不足挂齿的事，其实可能都是些很了不起的事。把思路从“只能做成这些事”转换成“除了这些事，别的都做不到”，还是“竟然能做成这些事啊”，是影响一个人判断标准的重要环节。

也即是说，当思路从“除了这些，别的都做不到”转变成“竟然能做到这些事啊”时，自己就正式接受了自己。能否做到这一点，是知足的人和永不知足的人的分水岭。

人一旦接受了自己，再回头看未能接受自己时的种种想法，就会觉得相当过分。也就是说，变得能够理解年轻时的自己因为“自己不能是现在这个样子”的想法，而勉强自己去做了许多当时做不到的事。人如果不能接受自己，就无法意识到自己年轻时对自己做过的事是多么的过分。但一旦接受了自己，以前受到“自己不能是现在这个样子”这种想法折磨的经历就会历历在目，这种真切的感受让他们不至于重蹈覆辙，不再拿自己做不到的事要求自己。

人经常会惊讶于，年轻时的自己竟然凭自己的意志对自己提出了如此过分的要求。神经症患者就是会因为“自己不能是现在这个样子”的想法，而对自己提出一大堆无理要求的人。

以自己的能力“做到这些”已经很不错了，但神经症患者却无法接受。“做到这些”其实已经很厉害了，神经症患者却丝毫没有这种感觉，他们觉得自己“本该”做成更多事。虽然他们这么认为，但实际上他们是做不到的。

所谓神经症，就是要求自己去做这些“做不到”的事。其实人是没有必要把自己逼到这个份儿上的，但神经症患者偏偏要这么做。

那么，神经症患者为什么选择“只能做成这些事”的思路，而非“竟然能做成这些事”的思路呢？这是因为他们看不起当下的自己，不管取得了多么耀眼的成绩，一个人只要看不起当下的自己，就会产生自己“只能做到这些”的想法，进而心生不满。

神经症真的很可怕。无法对当下的自己满意，这种神经症可以说是人生的一大悲剧。因为对自己感到不满意，进而将过剩的期待寄托在子女身上，让他们努力去成为“别人家的孩子”。这样的父母，简直可以说是灵魂的刽子手。如果不能从心理上摆脱对这种父母的依赖，那么不管在社会上取得多大的成就，作为孩子的一方都无法获得自我满足。

人兼有优点和缺点，这是理所当然的事

对失败的恐惧是否超过了合理的程度

无论勉强自己做成了什么事，神经症患者都会觉得自己“只是做到了这些”，如果不能做到“更多”的话，他们就会焦虑不安。世上不可能人人都是超人。人也有状态不好的时候，也有欲望不强的时候，也有一时失手的时候，在这些时候，如果仍旧抱定“我必须得是超人才行”的想法，就会陷入焦虑。

而正是这种焦虑感延长了萎靡不振的时间。也就是说，只要处在焦虑状态，人就不能好好休息，即使处在休息状态，精力也得不到恢复。因为一直想着“还没有做到这些

呢”，所以即使身体处于休息状态，心情却没有得到放松。

人的一生中，总有一些时日浑浑噩噩地度过，总有一些时日陷入低谷，做什么都没有效率。

即便如此，神经症患者还是一直以超人的标准要求自己，如果做不到的话，就会焦躁不安。这样一来，事倍功半，他们可能反而连一般人的标准都够不上。所以神经症患者才会失去属于自己的个性。一般人身上都有长处和短处，正是这种长处和短处的结合催生了一个人特有的个性。

丧失这种个性的神经症患者经常会有这样的想法：如果到了明天还没办法完成这件事的话就糟了。这样想着，他们焦躁起来。但是，如果明天还没办法完成这件事的话，究竟会发生什么呢？十年后再看一看，他们就会知道，十年前他们完成了这件事也好，没完成也好，并没有什么太大的不同。

没能及时完成计划好的事情，其实不会像神经症患者想的那样造成多么严重的后果。焦虑不安的人认为，一旦自己没能完成工作，就会被身边的人抛弃，所以他们才会有“做不到就糟了”这样畏惧失败的想法。

但是，周围的人其实并不会如畏惧失败的人担心的那样狠心，即使失败，周围的人在大多数情况下也不会太过苛责。

倒不如说，因为神经症患者觉得周围的人都变得不同了，他们和周围人的关系才会真的发生变化。周围的人里没有人认为神经症患者是个累赘，神经症患者却觉得周围的人肯定认为自己是个累赘，所以和周围的人渐渐疏远。

不能执着于理想中的自己

说起来，“我必须得是超人”这种想法本身就很奇怪。自己就是自己，并且周围的人也应该会乐意接受一个原原本本的自己。“如果不能变成超人，大家就不会接受我”这种想法也是非常奇怪的。

神经症患者会因为无法及时完成工作而陷入焦虑，但让他们感到焦虑的并不是未完成的工作本身。他们焦虑的是，没能完成工作会让他们失去自己的个性。我们可以从这一点看出普通人的焦虑和神经症患者的焦虑之间的不同。与普通人相比，神经症患者经常处于焦虑状态。

神经症患者对自己过高的期待引发了焦虑感，而他们之所以执着于那些过高的期待，是因为他们还无法从心理上摆脱父母对自己的影响。过分执着于理想中的自我的人，即便在成年后也无法实现心理上的独立，父母的影响依旧挥之不去。执着于理想中的自我的人也许真的有进取心，但在别人看来，这样的做法是颇有几分羞耻的。

对理想中的自己的执着，既说明了神经症患者心理上的幼稚，也说明了他们的愚蠢。这就好像正经的大人们会觉得一群自命不凡、抽烟喝酒的高中生既幼稚又愚蠢。

经常抱有“如果我能变成这样”的想法，执着于理想中的自己的人，本质上和这些高中生差不了太多。自己觉得自己比周围的人都要了不起，并因此自命不凡，但周围的正经人会觉得他们“怎么一直都这么幼稚啊”。

人总有因为这样那样的原因导致神经过于紧张而无法入睡的时候，神经症患者在这种时候就会想：“如果睡不着的话，明天就毁了。”但是人既有因为紧张无法入睡的时候，也有一沾枕头就能睡着的时候；既有效率极高快速完成任务的时候，也有陷入焦虑反而无法让手头的事情顺利推进的时候。

有神经症表现的人一直希望自己能够做到“更多”，而为了实现这种做得“更多”的愿望，他们认定自己必须成为像超人一样的人物。体力要“更加”充沛才行，行动时要“更加”大胆才行，头脑要“更加”聪明才行。

普通人也希望能够变成超人，但那只是单纯的憧憬，并不是他们真心想要达到的目标。他们的想法是“要是能变成超人就好了”，既不是“去努力变成超人吧”，也不是“必须得变成超人才行啊”。但是因为焦虑过度而陷入心理恐慌，变得有些奇怪的人就不只把“变成超人”当成单纯的憧憬，而是认真地将其列入自己的目标清单。

当成明确的目标也好，当成单纯的憧憬也罢，自己始终只是自己。一个人无法做到自己力不能及的事情，明天过得是否顺利要看自己，失败的时候该怪罪的也是自己。

正如人无法轻易走出这个地球一样，自己也无法轻易摆脱自己。那个期望能做到“更多”并因此陷入焦虑的自己，其实也是自己。冷静下来沉着应对的自己也是自己。不管怎么样，自己都无法挣脱自己的束缚。

被蚊子叮了就会觉得痒，觉得痒的人是自己。自己当然可以因为觉得痒而发怒，但是发怒并不会有什么作用。觉得痒的也是自己，对此心有不甘的也是自己。当然可以许这样一个愿：即便被蚊子咬了，也不会觉得痒。只是这个愿望恐怕很难实现。即使对因为被蚊子咬而觉得痒的自己发怒，也不会有任何的作用。

一旦事物的发展不似自己的预期，就会生气，这和对因为被蚊子咬而觉得痒的自己发怒本质上是一样的。神经症患者先是感到不安。由不安引发紧张时，就会辗转反侧，无法入眠。陷入焦虑就像是因为被蚊子叮咬而发怒，进而在被叮咬后狠狠抓挠伤口，直至抓出血痕一样。这样痒是不痒了，但是会痛。

找到你自己的目标

寻找“魔杖”的心理

读到卡伦·霍妮所说的“神经症性质的要求”时，首先浮现在我脑海里的是《论语》里的一句话：“子曰，君子求诸己，小人求诸人。”意思是：孔子曾经说过，君子自己帮助自己，小人则寻求别人的帮助。

小人经常要求别人帮自己做这做那，因此他们的心里常抱有不满。那个人没有帮自己做那件事，这个人拒绝帮自己做这件事，他们一直强人所难，别人若是不出手相助，小人们就无法得到满足。这种不满足的结果就是，小人们总是以羡慕的眼光打量身边的人。

与此相比，君子向自己提出要求，他们把担子扛在自己肩上，以此锻炼自己的能力。神经症型的人无法“求诸己”，又容易不满足，所以最后转而寻找人生的“魔杖”去了。神经症型的人相信有一种魔法能让自己的人生瞬间变得安乐，并急切地想要找到那根“魔杖”。更有人病急乱投医地把明显不是“魔杖”的东西当成“魔杖”，导致更多不幸的发生。

神经症型的人一直在寻找所谓的“魔杖”，所以他们很容易受骗。比如说，被花言巧语哄骗的人中就有不少神经症型的人，一听到“不用工作也能迅速晋升”“把钱存起来就能立刻翻番”之类的鼓动，他们就会立刻上钩。炒股时，他们大多想找到一只“只涨不跌的股票”，这时，如果有人前来兜售自己公司的股票，宣称“只涨不跌”的话，神经症型的人就会很容易上钩。他们不愿意承认，购买股票就会和其他人一样有亏损的风险。所以即使自己买的股票跌了，他们也相信“一定会涨回来的”，不论怎样都不愿卖掉，到最后反而蒙受更大的损失。他们中的有些人甚至会在蒙受损失后不断往证券公司打电话，甚是烦人。

再举一例，神经症型的人容易相信处处附和自己的异性。处处附和男人的女人是不可信的，但是神经症型的男性就会选择相信这样的女性，甚至认为这样不诚实的女人正是自己寻找的“魔杖”，有人就因为这样被“魔杖”挥舞了自己的一生。反过来也如此，因为被男人欺骗而吵吵闹闹的大多是神经症型的女人。神经症型的男人也好，神经症型的女人也罢，都不免在人生的路途上遭遇挫折。

总之，在觉得不满足时能先反思“我现在是不是在向周围的人提各种神经症性质的要求”的人，就能最终从不满足的状态中走出来。反之，那些完全不自我反省，只顾大喊“都是这个社会的错”，闷着头往前冲的人，总有一天要吃大亏。

不相信“积少成多”，而妄想“一步登天”

神经症型的人期待着事情能慢慢地往好的方向发展，但却等不及要看到成果，所以他们才会期待能找到“魔杖”。心理健康的人则满足于实实在在的积累，不要求什么事都能一步到位，瞬间变好。就算今天不太顺利，但只要明天取得进展，心理健康的人就能得到满足。

神经症型的人要求任何事都要快速向好的方向发展。生病的时候，他们期待着一喝下药就能痊愈。不只是生病喝药这一件事，遇到任何事，他们都希望一付出就立刻能看到成果。再举一例，有神经症倾向的上班族一旦做出一份策划案，就会马上期待策划案得到老板赏识，引来同事的羡慕。

所有事情都不可能马上变好。举个例子，一个人即使想改变自己闷闷不乐的阴郁性格，也不可能一步到位。所以，一边想着要改变自己的性格，一边仍旧时不时会陷入闷闷不乐的状态，这是很正常的。只要能意识到自己“没有之前那么阴郁”就可以了。想要一下子改变这种性格的想法完全是焦虑心理在作祟。

因为没有自己想要实现的目标，所以感到焦虑

就像刚才说过的一样，不仅限于性格、生病、工作，无论遇到什么事，把目标定为“让事情渐渐变好”，是心理健康的人的做法。但神经症型的人很难接受这一点。这是因为他们很难在日常生活中得到满足，焦虑渐渐占据了他们的内心。由于无法从每天做的事情里得到满足，他们

的心每天都饱受煎熬。

神经症型的人没有自己的目标，所以才会陷入焦虑。看到别人种卷心菜，自己也跑去种卷心菜。看到别人去钓鱼，自己也赶紧置办了整套钓具。如果没有自己的目标，就会陷入这种模仿别人的不安定状态。

听到有人因为房地产赚了钱，于是就向银行贷款买地。听到有人因为高尔夫俱乐部的会员身份得了很多福利，于是自己也跑到高尔夫俱乐部入会。我们经历过泡沫经济的时代，泡沫破裂的时候，发现自己一身是债，这正是神经症型的人的真实写照。

如果不改变“听到别人因为做了某事而得到好处，就跟着做某事”这种活法，神经症型的人就永远无法摆脱焦虑心理。这种活法让他们难以在生活中获得满足感。

被动催生不满

你为什么要来美国?

看着现在的一些年轻女孩，我常会有这样的感叹："这样下去，如果以后有了孩子，怕是会得神经衰弱吧。"自己什么也不做，而一直等着别人来为自己服务。她们这种毫无作为，只是被动等待的做法已经到了让人吃惊的程度。总之，不管遇上什么事，她们都选择等待别人为自己服务。

于是，只要别人不为她们做些什么，她们就会心生不满。我想："如果像这样把别人的帮助和关心当作理所当然的人，身边突然多出一个嗷嗷待哺的婴孩，而旁人这时却不予以帮助的话，那她恐怕是要神经衰弱的。"

最近二十五年里，我有四分之一的时间住在美国，另外四分之三的时间住在日本。所以，我经常需要拜托美国的友人照顾一些从日本远道而来的留学生。在这个过程中，我一直在思考一个问题：为什么日本的学生会这么被动地去接受别人的帮助和照顾呢?

从这些来到美国的日本学生身上，我完全没有看到尽自己的能力，主动去做些什么的姿态。他们从一开始就摆出一副“你们能为我做些什么呢”的姿态，就好像靠着别人这样那样的照顾，他们才得以生活下去似的。

就算到了美国，他们也完全没有要好好看看美国的意思。还有些学生一直待在我家里，既没有“因为想做这件事，所以才来了美国”的想法，也没有“到了美国后，我想做这件事”的意思。

出门带上他们一起的时候，他们虽也不拒绝，但明显可以看出他们对美国没有什么好奇心。可一旦被带到购物的地方，他们的精神头就瞬间提了上来，开始比较美国和日本的物价。见到美国的学生时，也只顾着暗暗鄙视人家身上穿的不是名牌，说些“原来穿的都是这种便宜货啊”

之类的话。

他们就算人在美国，对自己远渡重洋而踏上的这片土地也没有任何感情。在日本的时候也是同样。即使有这么优越的生活环境，他们还是觉得不满。

不满有两种类型。一种是想吃糖，却吃不到糖的不满；另一种则是对不给自己买糖的母亲的不满。日本年轻人们的不满属于后面的这一种。

美国临床心理学家马丁·赛利格曼[1]是一位忧郁症方面的专家。在说明忧郁症的基本症状时，他举了处于被动状态、观点消极以及无力感这几点。看着这些来到美国的日本留学生们，我不时会有“这大概就是忧郁症了吧”的想法。让人细思极恐的是，这些学生并非特例，都是非常普通的日本学生。

1　马丁·塞利格曼（Martin E.P. Seligman,1942－），美国心理学家，著名的学者和临床咨询与治疗专家，积极心理学的创始人之一，主要从事习得性无助、抑郁、乐观主义、悲观主义等方面的研究。曾获美国应用与预防心理学会的荣誉奖章，并由于他在精神病理学方面的研究而获得该学会的终身成就奖。1998 年当选为美国心理学会主席。

美国某大学曾经举办过一个夏令营，日本也有学生前去参加。夏令营里聚集着来自世界各地的年轻人。有一天，夏令营的秘书处宣布要为学生们提供夏令营的T恤衫，日本的学生们马上急不可耐地赶到秘书处。不仅秘书处被日本学生的阵势所震慑，世界各地的年轻人们也惊讶不已。

这些日本的学生们也无法体会到生活，或者说活着的乐趣。美国的学生会骑上自行车去翻山越岭，一起玩闹。日本学生则只会在一旁看着，想着有谁能做些让自己开心起来的事。

什么都好，做些能让自己开心起来的事吧

那么，要怎么做才好呢？

有着强烈神经症倾向的人，如果无法从自己当下的生活中得到乐趣的话，就会转向规划理财、国外旅行这样宏大的计划。

但是，为了让当下的生活变得充满乐趣，重要的是调整自己的心态。所以，与其去国外旅行，不如尝试着去一些充满回忆的地方。即便一直身处同一个地方，也要在其间找到一个最让自己感到舒适的小角落。

也就是说，什么都好，去做那些能让自己开心起来的事，去做那些能让自己神清气爽的事。

再举一例，我在自己的卧室里能做些什么事情呢？擦擦桌子就是个不错的选择。舒舒服服地泡个热水澡、做做简单的运动，或者干脆来个大扫除，痛快地流流汗也是不错的选择。或者，去享用美味的饭菜。花上比平时多一些的钱，好好享受一顿大餐，餐后多买几个平常只舍得买一个的高级水果。大声念出自己喜欢的电影台词，比如卓别林的那句“人生所需要的，无非就是勇气和想象力，还有这么一点儿钱啊”。休息日就在床上躺一天，看电影煲剧直到厌烦为止。

如果能像这样在自己“一个人的时间”里多花些心思，被动的人也可能渐渐变成积极进取的人。

我绝不是反对大家前往美国留学。我想说的是，比起看上去宏大的计划，我们是不是可以从自己当下力所能及的事情开始做起，让自己一点一点变得积极。

我希望大家能认同这一点：不是只有花在做大事上的时间才是宝贵的。将时间花在了解、改善自己心态这件事上，同样非常重要。

女生们可以尝试做一些编织类的手工，或化一个平常不会尝试的妆容。洗衣服、整理相册、读书、烹饪、散步，也都是不错的选择。扔掉不需要的东西也是很重要的。我曾经读到过这样一则报导，忧郁症患者在上完厕所后往往会觉得比较轻松。

如果一直只想着要做所谓的“大事”，自己的心境是很难得到改善的。太过勉强自己的话，自己也很难朝积极的方向发展。

也就是说，如果一心只想着要做所谓的“大事”的话，自己就迟迟无法消解对周围的人和环境的嫌恶和不满。反过来，不懂得如何排解这些负面情绪的人，就会一心只想着要做所谓的“大事”。

不要太在意别人

时刻不忘自尊心的人

有这样一句谚语“人不自知，大言不惭”，意思是“如果不知道自己几斤几两，就容易说出一些可笑的大话”。有神经症性质自尊心的人，大概正是这样“不自知”的人。

我们经常会听到别人说“那个人自尊心很强”，这句话既可以表达正面的意思，也可以表达负面的意思。表达正面的意思时，它表示某人自我意识强、充满活力；表达负面意思时，它表示某人的自尊心是神经症性质的自尊心。没有人会说自尊心本身是不好的，但是在那些时刻不忘自尊心的人身上，我们总能找到“那个人自尊心很强”的评价。

如果以负面的“那个女生自尊心很强”来评价某位女生的话，可能是因为那位女生经常摆出一副“我才不是那种好对付的女生呢”的姿态。

当人说出“那个女生自尊心很强”时，多数时候表达的还是负面的意思。我这一方没有先问“那个女生是怎样的一个人”，却突然被对方告知这一点时尤其如此。如果我不先问“那个人喜欢苹果吗”，很少会有人主动跟我介绍说“那个人喜欢苹果”。与此同理，如果我不发问，别人却特地做出这样的评价，那么大多是在表达负面的意思。

美化自己的人

那么，神经症性质的自尊心到底是什么呢？卡伦·霍妮指出，神经症性质自尊心的一个重要特征是，渴望周围的人接受一个高大无比的自己的形象。

举个例子。比如说有一位早稻田大学的教授，在教育研究上明明没有做出多大的成绩，却始终抱着“早稻田大学的教育研究条件不能满足我的要求”的想法，于是嘴上经常发一些“要是英国的大学的话……”之类的牢骚。既然如此，收拾行李去英国不就好了，只是英国那边的大学并没有对这位教授发出邀请。

自己的能力明明和早稻田大学比较匹配，但这位教授却无法接受这一点，说话间总是试图给人以“我是国际性大学者”的印象。教授的这种心理正是卡伦·霍妮所说的神经症性质的自尊心。

和这位教授聊天的人恐怕经常会有“竟然能不害臊地说出这种话啊”的感觉。但在教授本人看来，这个经过美化的自己显然更具有真实性，现实中的自己在他那里反而没有真实感，所以说出这些话的时候当然不觉得羞耻。当然，对于旁人的反应，教授就经常会不满地认为“我凭什么受到这种对待，别开玩笑了”。

真正的自信和童年时期的经历密切相关

有着强烈的神经症性质自尊心的人，大多已经失去了建立真正的自信心的机会。他们小时候可能没有得到父母的关爱，或者包含弱点在内，一个整体的自己没有受到过肯定。因为没有自信，于是依靠着神经症性质的自尊心来支撑自身。所以他们的心里其实非常苦闷。

人会因为小时候的经历而留下创伤。为了治愈这种创伤，人需要某种荣誉。甚至有人认为这样的荣誉能够保护受伤的自我。所以，小时候受过伤害的人才会如此地渴求荣誉。

真正的自信来自于人与人之间的互动和完成某事后得到的成就感。但有着强烈的神经症性质自尊心的人甚少和人接触，因为他们不信任别人。他们一直不想承认自身的无知，这种自卑感让他们更加难以靠近。如果他们能如实承认“我不知道”的话，其实是可以正常地和别人互动的。但面对不知道的事情时，他们却不愿意问一句“那是什么”，因为他们担心会被别人当成笨蛋。这正是无法与人互动的心理状态。

人在做着自己喜欢的事情时，也正是收获自信的绝佳时机。但是，有着神经症性质自尊心的人却失去了这样的机会。他们可能从小时候起就和兄弟姐妹们争这争那，随时被拿来和邻居家的小孩作比较。一上小学就要面对升学的竞争。他们没有机会去发现自己究竟是一个怎样的人。

在他们还没能意识到自己是怎样的一个人时，时间匆匆流逝，于是他们没能收获真正的自信。

很多青春期的男孩女孩们就这样度过了自己的童年。所以在大人们的眼里，进入青春期后他们的举动实在不可理喻，青春正好，这些男孩女孩们为什么不去探索自己身上潜在的可能性，而非要凑到一块儿抽烟喝酒不可呢？

他们中的有些人甚至会做出违反社会规范的行为。他们不去探求自己的可能性，而完全根据别人的行动来决定自己的行动。他们的目光只对准别人，不看向自己。

物理学里有一条“牛顿第三定律”，内容是：有相互作用的两个物体 A 和 B，物体 A 对物体 B 的作用力和物体 B 对物体 A 的反作用力总是大小相等，方向相反，并作用在一条直线上。

人心也是一样的。要求没有得到满足时，内心的波动程度取决于这个要求的程度。如果寻求认同的要求非常强烈，那么没有得到认同时，内心的波动也会很强烈。于是要求没有得到满足的这些年轻人先是违反社会规范，后又做出一系列的愚行。

这些愚行的严重程度，和寻求认同的强烈程度是正相关的。

孩子会因为无法回应父母对自己的期待而在心理上受到伤害。其实，父母对孩子的期待很可能正是父母自卑感的来源。因为成绩不好而自卑的父母会因为孩子考了好成绩而高兴。孩子追求的种种“荣誉”，正是父母自卑心理的根源。但是孩子对此一无所知。

我上学的时候，有一段时间一直梦想着能成为一名政府精英。我曾经自我美化过这个梦想，把成为政府精英视为一种无上的光荣。随后有一天我忽然意识到，成为政府精英不正是父亲自卑感的来源吗？

我的父亲曾参加过“高等文官考试”，即以前的公务员考试，但不幸落第。在身为政治家的爷爷的帮助下，父亲才得以进入文部省任职。但是父亲毕竟没能通过高等文官考试，所以在同僚间总觉得有些抬不起头。于是他辞去了文部省的工作，还是在爷爷的帮助下，找到了一份大学的教职。我记得当时曾听到过这样的传言，说那所大学的校长是爷爷的老熟人。

父亲的这种自卑心理，正好转变成了他对我的期待，而且他希望我把他的期待看作一种无上的光荣。如果我的父亲没有这种自卑心理的话，那我肯定不会把成为政府精英看成是如此光荣的一件事。

收获自信的路上没有近道

年轻人虚张声势的原因

在日本，许多男孩女孩在童年时期与自己父母相处的过程中受到心理上的伤害，因此长大后便不去探求自己身上的可能性，而是聚在一起抽烟喝酒，为了得到一份自己并不喜欢的工作而不断努力。他们只关心别人对自己的看法，并依照这种看法调整自己的行动。他们不关注自己，却总是在意别人是怎么看待自己的。他们常常认为自己毫无价值，并为此苦闷不已。为了证明自己的价值，他们经常发泄似的喊出“他们都是些蠢货”“这个世道真是坏透了”之类的话。之所以发出这样的牢骚，是因为他们为内心的自卑感折磨，心里的种种渴望不能得到满足。

真正自信的人说话不会摆架子，也不会变成唯唯诺诺的乖小孩。他们活得开心自在，不要小聪明，不会盛气凌人地说什么“不要以为我是笨蛋”之类的话，不会为了治愈心灵的创伤而不择手段地追求荣誉。

如果一直根据别人的意志来行动，就会渐渐失去卡伦·霍妮所说的“获取真正自信”的机会。卡伦·霍妮进一步指出，即便如此，这些人的内心深处还是极其渴求得到自信的。

但是，如果继续现在的做法，他们无论多久之后都不可能收获真正的自信，这正是他们的悲剧。前面说到过，如果他们能正常地和其他人接触、互动的话，是有可能收获自信的。一旦收获自信，即便听到一些贬低自己的话，也不会轻易受伤。

他们失去了得到真正的自信的机会，于是内心那种想要凌驾于别人之上的欲望变得越来越强。但即使凭借虚张声势暂时凌驾于别人之上，他们也不可能得到真正的自信。他们从没有思考过自己是一个怎样的人，却满脑子都是“我想成为这样的人”的想法。

慢慢地，他们只追求去做那些能让众人大吃一惊的事，放弃了去探索自己身上的可能性。正因如此，他们渐渐失去了感知事物的能力。穿上一件新衣服，也要问一句“怎么样，很不错吧”。自己的行动只有被别人意识到时才变得有意义，他们的心渐渐被这样的想法支配。自己如何感知事物、对事物有何思考都变得无足轻重。如果只顾在意周围人们的评价，那一个人无论如何都不可能收获真正的自信。

青年人说话时常常希望给人以独当一面的印象，这也是前面提到过的“只关注别人，不在意自己”的心理决定的。“二十一岁的大学生”也好，“十七岁的高中生”也好，肯定都有很多还不了解的事，世人也不大能区别出来，这没什么好羞愧的。但有神经症倾向的人则不这样想。他们会忘掉自己是“二十一岁的大学生”或“十七岁的高中生”的事实，说出一些好像自己对世间万事了如指掌一样的话。所谓神经症性质的自尊心，就好比自己其实是尚未进入社会、还没有任何成绩的“二十一岁大学生”，却总想以一种已经颇有成就的社会人口吻和别人谈话。

他们并没有那种“我是多么不辞辛劳才走到今天这一

步”的实际体验，因此他们的心里也就没有在实际体验中慢慢构筑的安定感。他们其实什么都没有做到，却总是不由自主地觉得“我多了不起啊”。

这种心理就好比自己实际上只有十分，却想给人以百分的印象。他们以百分的标准调整自己的行动，也要求别人以对待百分的人的方式对待他们。

大家只要回忆一下自己见过的那些傲慢自大的高中生或大学生就会明白了。脚踏实地、踏实肯干的年轻人身上则不会出现这种心理。

同样是为了收获自信，这些有神经症倾向的年轻人却偏要找出近道。但是不管再怎么找，都不可能找到这样一条近道。

与现实中的自己的落差

这些有神经症倾向的人还会希望自己的妻子或恋人把自己当成了不起的人来对待，也希望能得到旁人特别的关注。一旦没有得到特别的对待，他们就会觉得愤愤不平、怒火中烧。卡伦·霍妮指出，这些人觉得自己“比起别人更有得到特别关注的资格”。我则认为引起他们愤怒的深层原因是他们其实并不认可自己选择的人生道路。

正因为不认可自己的人生道路，所以他们反而要求得到特别的关注，希望别人用对待了不起的人物的方式对待自己。也就是说，不管他们在人前多么逞强，在心底，他们其实默默羡慕着旁人的人生。

最根本的一点是，他们无法调和内心形象高大的自己和现实中的自己这对巨大的矛盾。于是，他们便觉得和自己的期待不符的现实才是反常的。别人并不认为他们是多么了不起的人，甚至觉得他们不过是普通人。他们从别人对待自己的方式中感受到了屈辱，好像自己被侮辱了似的。他们在这一点上倒是很敏感，但当自己侮辱了别人时，他们却相当迟钝。这是因为，侮辱别人让他们感到快乐，他们沉浸在侮辱别人的快乐之中，完全没有意识到自己的行为可能已经对别人造成了伤害。

你怎么对待别人，别人自然也怎么对待你，但神经症患者们却对此感到愤怒。所谓“越是傲慢就越容易受伤”

大概就是这么回事吧。

A 认为自己很了不起，但 B 认为 A 没有 A 自己想的那么了不起，所以 B 就没有把 A 当成多么了不起的人来对待，而只把 A 当成普普通通的一个人。于是，A 的心理受到了巨大的伤害。如果 A 是性格外向的人，那恐怕早已勃然大怒；如果 A 是性格内向的人，则会紧闭心扉，把怨恨藏在内心。

如果这时出现一个宣扬“你很了不起，是周围的人不好”的宗教团体，那 A 恐怕会一见倾心，毫不犹豫地入教吧。脚踏实地，踏实肯干的年轻人身上则不会出现这种心理。

为什么不直面现实中的自己

借批判别人得到内心的平静

有这样一种人，自己明明没有什么实际的成绩，却经常做出一些“就是因为光做那样的事，这个公司才不行的”，或者“就是因为光做那样的事，这种老板才不行的”这样听上去很了不起的评价。这种人事实上是对自己心存不满，人在心存不满的时候容易发表这种批判性的言论。

发表这样的批判性言论的人时常处在焦躁不安的状态，在他们看来，只要自己心里好受了，就不用去管公司如何如何老板如何如何了。在批判公司和老板的时候，他们感觉自己的形象变得高大了，所以才用这种很了不起似的口吻说话。对于一般人来说，这可能是一动念头就要觉得脸会发烧的事，他们却能自大地说出来。他们通过批判来获得一时的安宁，其实心里很可能羡慕着“这个公司”和“这个老板”。

有的人会让人禁不住想提出这样的疑问：“他是怎么看待自己的呢？”“他以为他自己是谁啊？”这样的人经常就是那些没有什么实际的成绩，却常以权威人士的口吻发表批判言论的人。他们很有可能是有着强烈的神经症性质自尊心的人。

这些会让人禁不住想问“他以为他自己是谁啊”？有着强烈的神经症性质自尊心的人，往往不能和周围的人好好相处。如果能和周围的人好好相处的话，那么即使说出一些批判性的言论，也会得到“那家伙还挺有趣的”“那家伙挺可爱的嘛”之类的评价。

用于解决内心纠葛的自尊心

卡伦·霍妮指出，这样的人可能一生都不会拥有获得真正的自信的机会。

务农的大叔改良了自己种植的苹果的品种，拿下了“农林大臣”奖，于是收获了信心。所谓自信，是建立在一个人的经历之上的。即使在这片改良的苹果林里铺上简单的凉席，大叔也感觉自己仿佛坐在宝石做的椅子上。但有着神经症性质自尊心的人却觉得，只有坐在宝石做的椅子上才能得到信心，这样的本末倒置让他们无缘得到真正的自信。

以神经症性质的自尊心为基础的自我美化，在这些人看来是一种解决内心纠结的方式，他们的心情时常很糟，所以才用自我美化的方法来构筑自己的城池，造出一个能让自己心情舒畅的地方。

一般来说，如果要建造一座城池的话，会先考虑城池的基座部分。如果用来类比一个人的发展，则会先考虑心理的成长或者人脉的积累。在此过程中，一个人能认识到自己的长处和短处，从而扬长避短，造出坚固的城池。

但是，终日处于不安状态的神经症患者却看不到这些，他们用名声、权力和金钱造出了自己的城池。

所以他们才那么畏惧失败。他们畏惧失败，是因为只有成功才能解决他们内心的纠结。之所以认为周围的人都应该以某种方式对待自己，是为了解决内心的纠结。渐渐地，他们不再仅仅以得到这样的对待为目标，而是认为自己一定要得到这种对待不可。

对失败的纠结也基于同样的理由，他们之所以认为自己应该取得某种成就，是因为如果目标实现的话，内心的纠结就能得到解决。渐渐地，成功不再仅仅是一个愿望，而变成了一个必须达成的硬指标。

他们之所以只顾对失败嘘长叹短而不采取实际行动，是因为无法面对自己内心的纠结。但是只顾哀叹路途遥远的人，无论过了多久都无法抵达目的地。

对于有着神经症性质自尊心的人来说，直面现实中的自己并踏出积极的一步，这件事本身就是非常困难的。

请记住，人心也会有感到满足的时候

难以忍受的屈辱感的真面目

一旦自己变成了普通人，那么就不得不直面内心的纠结了，所以便拒绝成为普通人。也就是说，一旦变成普通人，就势必将品尝到一种屈辱感，这种屈辱感让神经症患者们难以忍受。

但只要把自己美化，就不必品尝这种屈辱感了。心里没有多少纠结的人，心理健康的人并不会因为自己是普通人而感到屈辱。这是因为他们和有着强烈神经症性质自尊心的人不同，他们的心理处于满足的状态，所以也就不需要名声、金钱或权力来解决自己内心的纠结，因为他们的心里本就没有纠结。

对于普通人来说，金钱自然也是幸福的一大组成要素，但他们并不会对金钱有过分的执念。对于普通人来说，只要能安稳度日，不能赚到更多的钱暂时也是可以接受的。但有着神经症性质自尊心的人无法接受这一点，他们觉得自己必须赚到更多的钱。

神经症患者会有这样的误解：普通人的内心常常处在满足的状态。神经症患者的内心有一个空洞，他们必须用一些东西去填满这个空洞。但普通人的心里并没有空洞。

如果不往空洞里投入金钱、名声这些东西，神经症患者就无法生存下去。如果不投入这些东西，他们就会像《伊索寓言》里吃不到葡萄的狐狸一样，直嚷着："这葡萄可酸了。"

心理健康的人中也有不少拥有名誉和金钱，但他们并不用来填补内心的空洞。他们做着让自己感到快乐的事，因而水到渠成，顺理成章地收获名声和金钱。所以他们没有“给我更多，更多”这样没有限度的强迫性心理。对于他们来说，权力和名声并不是让内心感到安定的重要因素。

内心也有重量

我们再来看看那些得到名声之后就让人难以忍受的人。为什么会有人得到名声后就变得让人难以忍受呢？有人当官后旋即在人前装腔作势，有人不会；有人在戴上大颗钻石后到处显摆，有人不会。

为了理解这一点，我们把内心的空洞比作人的体重，想象一下，内心是有重量的，我们把内心的重量叫作“心重”。假设普通人的心重为七十公斤，这些让人难以忍受的神经症患者因为内心有空洞，所以心重只有六十公斤。为了使内心感到安定，他们必须把心重增加到七十公斤，所以他们认为无论如何都要得到那不足的十公斤。

神经症患者通过名声得到了他们认为必须得到的十公斤。但他们其实并没有觉察到，自己的心重比那些心理健康的人要轻。

写下这些文字的我也是上了年纪之后才发觉，自己的心重要比那些心理健康的普通人轻。年轻的时候，我常常有此疑惑：我为什么无法对自己的人生感到满足呢？看到一些生活状态平平常常，看起来却非常幸福的人，我还时常感到不可思议。

意识到心理健康的人的心重比我自己的要重时，我感到非常惊讶。原来他们从一开始就和我不同，他们的内心处于满足的状态。

不行自己力所能及之事的人

有着强烈神经症自尊心的学者不去做那些自己能力范围内的研究，而一心想成为受到众人尊敬的大学者。于是，他们无视自己的能力，不去做自己能力范围内的研究，反而专挑以自己的能力还无法胜任的研究下手。同样的，神经症自尊心强烈的作家不去写那些自己能写成的书，反倒希望自己写出的书能让自己一举变成人人敬仰的大作家。

有一些大学生，以自己的学识能写出的论文不下笔去写，而专门去批评别人写的论文。这些学生内心可能想着自己要写出大学者手笔的论文，其实他们可能连一般学生的论文也写不出。他们沉迷于自己够不到的目标，而不去做自己力所能及的事。还有一种考生，不考虑以自己的能力能考取的大学，却一直做着名校梦。

最近，美国的高中里来了一些因为在日本的高中里待不下去而转学的日本学生。所谓的“在日本待不下去”，大概就是说，日本的学校对待他们的方式不似他们的预期。他们并非跟不上学校的教学进度，而是为了维持对自己的美化，离开了日本，真是迂回啊。到了美国后，他们开始贬低日本的高中生，而他们之所以这么做，是因为他们心里暗暗羡慕着日本的高中生。

到了学英语的时候，明明初级班才是为初来乍到的他们设计的，但他们中的一些人偏偏无视自己的能力，选择了高级课程。有着强烈神经症性质自尊心的人往往会采用错误的学习方法。自我美化既是神经症性质自尊心的表现，也是心理脆弱的象征。

如何避免受到伤害

重视每一天的积累

那么，神经症倾向较强的人要如何转变成心理健康的人呢？他们需要做到以下两点：一、找到一件自己能每日践行的小事，并持之以恒地坚持下去；二、从心理上摆脱对父母的依赖。

生活态度出了问题的人，经常出于一些不切实际的想法，做出常人难以想象的事情。为什么会这样呢？根据前面的说明，大家应该可以得出结论了吧。在人生路途上遭遇挫折进而一蹶不振的，常常是那些没有用恰当的态度面对日常生活的人。所谓生活态度出了问题，指的就是没有珍惜当下的生活。人生出了差错的人，大多没有好好对待生活中的每一天。

每天往盆栽里浇水，久而久之盆栽里就会开出花朵，给人带来喜悦。如果不坚持每天浇水，就无法看到花开。由此可见，无论是多么微不足道的小事，都有每天坚持好好完成的价值。

再举一例。正因为每天都认真地准备三餐，所以偶尔到外面下馆子的时候，才会觉得心情舒畅。比起偶尔才做一次的高级法式料理，准备每日三餐的难度要大得多。如果是神经症倾向强烈的人，就会热心于偶尔为之的法式料理，却不去好好准备每天都要吃的日常餐食。

如果不想让自己的想法远离现实，就请找到一件能够每日坚持、持之以恒的事情。再小的事情也好，一直坚持做下去。往花盆里浇水也好，存起一百日元的零钱也好，洗脸的时候顺便清洁梳妆台也好，听一个小时的古典乐也好。总之，要找到一件自己能做到的事，每天坚持做下去。

坚持刷牙也是一个不错的选择。想着要让牙齿变白，每天坚持好好刷牙，里里外外仔仔细细地把牙刷得洁如白瓷。这就是一个很好的例子。总之，坚持去做一件对自己有益的事。到最后大家会发现，无论是多么小的事情，坚持下去都不是容易的事。但一旦在这种容易让人消沉的气氛中坚持下去，成就感就会油然而生。

如果想扭转神经症的倾向，首先要做的就是认真对待每一天的生活，端正对日常生活的态度。奥地利精神科医生贝朗·沃尔夫[1]在自己的著作中指出，如果想成为一个成功的人，则需要对烹饪、纺织、木工之类的日常生活技能有所了解。

人会因每日的积累而有所感受。比如说，把某件小事坚持做上一年之后，人会自然而然地产生成就感。进而会有这样的想法："即使是这么一件小事，都能让我心情这么好，那我要多做一点，坚持做下去。"

每天坚持阅读五分钟也好，这样坚持个五年，整个人

1　贝朗·沃尔夫（W.Béran Wolfe,1900–1935），奥地利心理学家，曾是现代自我心理学之父阿尔弗雷德·艾德勒的助手。

就会大不一样。每天坚持做一件事是可以改变一个人的。此刻正在做的事能坚持做上几年呢？假设能坚持个五年，那么它就会变成心灵的财产，变成人的一部分。

过上这种生活的人，会在生活中慢慢找到适合自己的人生目标。如果不以恰当的态度对待日常生活，那么即使拼命寻找自己人生的目标，也很有可能遍寻不见。

能从心理上摆脱对父母的依赖吗

下面我们来看第二点，从心理上摆脱对父母的依赖。前面也已经充分说明过了，所谓健康的心理，是指无论自己的能力如何，一个人都能够充分地接受自我、悦纳自我。我在年轻的时候有过一些神经症式的表现，始终无法对自己的能力感到满意，从心底里拒绝接受只拥有这些能力和特质的自己。

那时的我认为，回应父亲的期待就是我人生的意义。于是，那时的我始终无法看清自己真实的愿望。直到慢慢长大，我才得以区分父亲的期待和我自己的愿望。

但是，从心理上完全接受自己之后，我常常感到不可思议。为什么对于自己只能是自己这样理所当然的事，那时的我竟然不能理解和接受呢？为什么我竟会想逼迫自己完成那样不切实际的期待，让自己背上如此沉重的负担呢？

在我患上神经症的时候，我心里完全明白我并没有回应父亲期待的能力，但我却无论如何也无法接受这一点。只要没能成为我理想中的人，我就拒绝承认自己。于是，我渐渐失去了自我。那时的我非想着要成为比实际的自己更厉害的人，非想着要拥有比实际的自己更强的能力，非想着要变成超人。

但是，从心理上接受自己之后，我常为之前的这些想法感到惊讶。自己就是自己，用尽自己的全力，能达到什么高度就是什么高度了。我开始觉得，自己应该为这样拼尽全力的自己感到高兴才是。

我也开始觉得，周围会有人能够坦然地接受一个真实的我。只要接受了自己，我顿时明白周围的很多人肯定也会愿意接受真实的我，我也能和这些人一起快快乐乐地生活下去。这个道理，就和太阳东升西落一样理所当然。

从心理上接受了真实的自我之后，就会觉得拒绝接受自我，就如同拒绝接受太阳是东升西落一样，有一种滑稽之感。也就是说，与其说神经症患者们拒绝承认自己实际的能力，不如说他们是拒绝接受现实。

也许很难，但请先跨出第一步

那么，我在年轻的时候为什么无法接受现实中的自我呢？为什么要让自己背负不切实际的期待，固执己见，自寻烦恼呢？为什么不能对自己实际的能力感到满足，并为实现了自己身上的种种可能性而感到欣慰呢？

那是因为我从心底里惧怕成为和父亲对立的一方。我因为回应了父亲的一个高得有些不切实际的期待而第一次得到父亲的认可。于是，为了能够得到父亲的认可，我便用一种高得不切实际的标准要求自己。我的父亲对自己在社会上遭受到的对待非常不满，他憎恨这个社会，于是便希望用儿子的成功来作为报复。

对于当时的我来说，没有父亲的认可，我简直无法好好生活下去。父亲的期待就像一道至高无上的命令，让我执着于实现那些不切实际的目标。在那时的我看来，接受现实中的自我就等于和父亲对立，就等于要在得不到父亲认可的状态中生活。为了避免这种情况的发生，我一直执着于成为理想中的自我，一直拒绝接受现实中的自我。

接受现实中的自我和从心理上摆脱对父母的依赖这两件事几乎是同时发生的。当时的我没能完全从心理上摆脱对父母的依赖，总处在心理上没有完全断奶的状态，因此一直嫌恶现实中的自我。

为了逃避“现实中的自我没有被爱的价值”的想法，我不断暗示自己一定要成为理想中的自我。这是因为，当时的我坚持认为现实中的自己没有被爱的价值，除非我变得成功，否则我就没有被爱的价值。

当时的我并不相信世上有人会真心认为现实中的我值得被爱。如果有人这么表示，我只会当那人是在捉弄我，或干脆认为那是个怪人。当时的我真心认为现实中的我没有价值到了这种程度。

成长的过程中，我从未真正了解过来自亲人的爱。无论我有多少缺点，多少不足，怀着亲人的爱的人会对我说“你现在这样就很好”，并且，在他们说出这句话时，肯定是满怀真心的。了解亲人的爱的人不会患上神经症。因为这样的人知道，他们只需要做真实的自己，就能够被爱。

后记

神经症患者无论如何都无法和别人建立亲密关系。

如果结交到了关系亲密的朋友，会怎么样呢？

所谓亲密关系，就是即使一个人脑袋不太灵光，他依旧能够被当作亲密的朋友，受到尊敬。如果一个人因为跑得慢而产生自卑感，那么他的人际交往一定出了什么问题。即使他的交际圈中有一百个人，也无法成为他内心的支柱。

但是，只要你和一个人建立了亲密关系，这段关系就能成为你内心的支柱。真正亲密的关系中不需要“假装”，你不需要假装自己是个成功人士，不需要假装自己的智商很高。在一段亲密关系中，你会觉得真实的自己就能得到对方很高的评价，真实的自己对对方是有意义的。这就是真正的亲密关系。

比起金钱，一段亲密的关系更能成为人内心的支柱。交流的能力来自于坦率的性格。性格坦率则交流无碍，交流无碍对解决烦恼大有好处，神经症也就在这个过程中被治愈了。这本书里谈到的神经症患者缺少的正是这种坦率的品性。做不到某件事时能不能坦率地说出“我做不到”，是判断一段关系是否足够亲密的标准。神经症患者们在这种时候往往无法坦率说明，而是虚张声势，使自己陷入孤立无援的境地。

有人因为容易在人前脸红而苦不堪言。但周围的人其实可能并没有把他们的脸红太当回事，只有他们自己觉得脸红让人难堪，让自己恨不得打个洞钻到地底。自己有一些不想让别人知道的事，或者是不想告诉别人的事，这都没有什么大不了的。但偏偏是自己想得太多，夸大了这些事情的影响。在人前容易脸红的人只要说一句“我一和你见面就会脸红，真是不好意思啊”就没有问题了。其实，把在人前脸红这件事看得无比重要的只有他自己一个人，别人都不是这么想的。认为大家会介意，不过是自己长久以来的顽固观念，其实只要把话说开，问题就会得到解决。

比起穿靴子增高，个子矮小的男生不如直截了当地表白："我虽然个子不高，但是真的很喜欢你。"个子矮并不会有什么太大的影响。但如果像《伊索寓言》里那只吃不到葡萄说葡萄酸的狐狸一样，暗示自己"个子高矮才不是什么重要的事呢"的话，内心就会渐渐感到不安。

正是因为经常这样虚张声势，神经症倾向强烈的人才会经常处于不安的状态。和恋人约会的时候，总是会在等到恋人出现时觉得庆幸，却在约会全程中都感到不安。其实，只要珍惜和恋人相处的时间，享受在一起的每分每秒，自然就不会感到不安了。虚张声势的人终究无法敞开心扉和别人交流，于是在内心播下了烦恼的种子，甚至悲观地看待自己的人生。这说明，积极地与他人交流才是找到心灵支柱的重要方法。

这本书曾以《这个人为什么只考虑自己呢？》为书名出版，眼下大家读到的是经过修订的版本。在本书的出版过程中，我得到了次重浩子先生和鹫泽圭先生的热心协助，也请允许我借此机会表示感谢。

图书在版编目（CIP）数据

被喜欢的心理学 /（日）加藤谛三著 ；林煌译. -- 北京 ：外语教学与研究出版社，2017.9
ISBN 978-7-5135-9465-3

Ⅰ. ①被… Ⅱ. ①加… ②林… Ⅲ. ①心理学－通俗读物 Ⅳ. ①B84-49

中国版本图书馆 CIP 数据核字 (2017) 第 229393 号

出 版 人　蔡剑峰
出版统筹　张　颖
特约编辑　陈希颖　田　媛
责任编辑　孙嘉琪
执行编辑　姜霁凇
装帧设计　胜　野
出版发行　外语教学与研究出版社
社　　址　北京市西三环北路 19 号（100089）
网　　址　http://www.fltrp.com
印　　刷　山东临沂新华印刷物流集团有限责任公司
开　　本　787×1092　1/32
印　　张　6.75
版　　次　2017 年 11 月第 1 版　2017 年 11 月第 1 次印刷
书　　号　ISBN 978-7-5135-9465-3
定　　价　39.00 元

购书咨询：（010）88819926　电子邮箱：club@fltrp.com
外研书店：https://waiyants.tmall.com
凡印刷、装订质量问题，请联系我社印制部
联系电话：（010）61207896　电子邮箱：zhijian@fltrp.com

物料号：294650001

Original Japanese edition published by PHP institute,Inc.
This Simplified Chinese edition published by arrrangement with
PHP Institute,Inc.,Tokyo in care of Japan Uni Agency,Inc.